AF344169

# FRANÇOIS PON

UNE

# Page de Surnaturel

AU

## CONCILE DU VATICAN

**LA MÈRE SAINTE-AGNÈS ET MONSEIGNEUR DUPANLOUP**

> « Tout, dans ces lettres, porte le caractère
> du divin. Je connais très intimement cette
> religieuse : je suis sûr de sa sainteté autant
> qu'on peut l'être ici-bas. »
>
> (R. P. JEAN, abbé de Fontfroide.)

PARIS — 6ᵉ

VICTOR RETAUX, LIBRAIRE-ÉDITEUR

82, RUE BONAPARTE, 82

1905

UNE

# PAGE DE SURNATUREL

AU

## CONCILE DU VATICAN

EMILE COLIN, IMPRIMERIE DE LAGNY (S.-&-M.)

MÈRE SAINTE-AGNÈS

# FRANÇOIS PON

UNE

# PAGE DE SURNATUREL

AU

## CONCILE DU VATICAN

**LA MÈRE SAINTE-AGNÈS ET MONSEIGNEUR DUPANLOUP**

> « Tout, dans ces lettres, porte le caractère
> du divin. Je connais très intimement cette
> religieuse : je suis « sûr de sa sainteté autant
> qu'on peut l'être ici-bas »
>
> (R. P. Jean, abbé de Fontfroide.)

PARIS — 6ᵉ

VICTOR RETAUX, LIBRAIRE-ÉDITEUR

82, RUE BONAPARTE, 82

—

1905

Droits de traduction et de reproduction réservés.

*— Cum permissu superiorum —*

# AVANT-PROPOS

En 1865, une religieuse du couvent de Notre-Dame à Narbonne (1) écrivait à Mgr Dupanloup pour demander la permission de lui faire connaître des communications qu'elle recevait de Notre-Seigneur.

Renseignements pris à l'évêché de Carcassonne, l'évêque d'Orléans acceptait d'entrer en relations avec la Mère Sainte-Agnès.

Nous publions aujourd'hui cette correspondance qui commence en 1865 et finit en 1872, d'où trois phases distinctes : avant, pendant, après le concile.

(1) Le couvent de Narbonne appartient à l'ordre des filles de Notre-Dame. Jeanne de Lestonnac, qui le fonda en 1604, a été béatifiée le 23 septembre 1900 par S. S. Léon XIII.

On remarquera bien vite l'illumination, l'intuition d'ordre supérieur dont la religieuse de Narbonne dut être favorisée pour remplir sa mission auprès d'un prélat dont les erreurs ne doivent pas nous faire oublier les vertus et les services.

Du fond de son monastère, la Mère Sainte-Agnès doit en quelque sorte apercevoir ce qui se passe à Orléans, à Rome ; elle doit démêler ce qui s'agite dans l'âme d'un évêque qu'elle n'a jamais vu, signaler des dispositions dépendant de la liberté humaine et de mille causes mystérieuses.

Elle doit fournir à son auguste correspondant des explications impossibles pour tout autre. Elle le fait avec une netteté, une précision qui ne laissent rien à désirer. Elle parle avec une force, une insistance — nous oserions presque dire avec une autorité — qui contrastent fort avec son caractère, et son désir de s'effacer, de disparaître.

Il y a dans ses lettres des accents de la plus haute éloquence, un courage vraiment surhumain, une vigueur de style que l'on ne se serait jamais attendu à trouver dans une personne dont la culture intellectuelle était très imparfaite.

« La position de ma famille, écrira-t-elle plus tard, n'avait point permis à mes parents de me faire donner d'autre éducation que celle qu'on reçoit dans une école de charité. Tout se borna pour moi à apprendre à lire et à écrire. Vers l'âge de douze ans, je quittai la classe et toute étude pour aider ma mère dans ses occupations. »

La religieuse tient la plume, Notre-Seigneur la dirige : ce dont elle ignore le premier mot devient, sous la dictée d'un tel Maître, magnifique d'à-propos, de clarté et de force.

Notre rôle n'est pas d'apprécier l'accueil que fit Mgr Dupanloup à ces communications extraordinaires, mais de raconter simplement un épisode de sa vie, jusqu'à présent ignoré. Ce que nous avons à dire sera une preuve de plus de la particulière providence de Dieu envers les âmes qu'Il appelle à une plus haute mission dans son Eglise, et de la liberté qu'Il leur laisse sans la violenter jamais.

Nous sommes heureux de retrouver dans la correspondance du P. Jean, abbé de Fontfroide, le même jugement sur la mission de la Mère Sainte-Agnès. « Cette œuvre de Dieu, écrivait-il, est pour moi évidente, et j'admire avec quel amour le divin Maître a entouré d'industrieuses et miséricordieuses précautions l'âme de son serviteur dans une circonstance aussi périlleuse. Tout cela fait que j'aime encore davantage celui dont j'admirais le zèle et le talent. Et au lieu de craindre que Dieu ne brise l'instrument, je pense, au contraire, qu'Il s'en servira plus que jamais pour défendre son Eglise. Il aura souffert de l'injustice des hommes, mais il fallait peut-être cela pour lui faire expier ce qu'il y avait en lui de trop humain. Il ne faut pas trop plaindre les saints, quand ils souffrent ; rien ne leur est plus utile. Or Dieu en fera un saint, je l'espère (1). »

(1) Lettre du P. Jean à Marie Jenna. *Vie du P. Jean*, par E. Capelle.

Les détails qui vont suivre, nous les emprunterons en grande partie aux écrits de la Mère Sainte-Agnès. Ils nous permettront de faire connaître la correspondante de l'évêque d'Orléans, de produire le témoignage des hommes de Dieu qui préparèrent cette âme et l'aidèrent à remplir sa mission.

Toutefois nous ne consacrerons à ce volume que les lettres de la religieuse de Narbonne à Mgr Dupanloup. Dans un autre volume, nous publierons sa correspondance tout entière. Pour les lecteurs qui ne cherchent pas uniquement les satisfactions d'une curiosité purement extérieure, mais qui aiment à lire sous les faits matériels le sentiment qui en fait la vie et la beauté, elle aura son charme et sa puissance d'émotion, cette histoire tout intime d'une âme qui grandit et s'élève de jour en jour dans la perfection et dans l'amour divin.

La Mère Sainte-Agnès entreprit de rédiger ses écrits après la retraite annuelle de 1864 — pour obéir à son directeur.

« Oui, écrit-elle en commençant, que ce

soit bien pour votre gloire, ô mon Dieu, que
je trace ces lignes, autant que pour accomplir
votre sainte volonté, en me conformant aux
désirs de celui que vous m'avez envoyé pour
m'éclairer et me conduire. Soyez vous-même
ma lumière et ne permettez pas que je m'é-
gare ! »

*Narbonne, le 3 février 1905.*

Fête de la Bienheureuse Jeanne de Lestonnac.

# LA MÈRE SAINTE-AGNÈS

ET

## MGR DUPANLOUP

---

## CHAPITRE PREMIER

### FAMILLE — VOCATION

« La Providence m'a fait naître de parents pauvres ; je puis dire en toute vérité que ma naissance fut un surcroît de misère pour la famille, composée déjà de six enfants. L'entretien de quelques-uns d'entre eux exigeait de grandes dépenses, mais ma mère croyait ne devoir épargner aucun sacrifice pour procurer à ses enfants le bienfait d'une bonne éducation. Elle espérait qu'un jour les aînés seraient de quelque utilité aux plus jeunes et qu'elle nous verrait tous heureux. Je fus donc reçue comme un nouveau présent du ciel, et n'eus qu'une plus large part de ten-

dresse de la part de tous. Ma mère, surtout, prit un grand soin de mon enfance
et s'appliqua à m'inspirer des sentiments
pieux.

« Je me rappelle qu'étant bien jeune
encore, je l'accompagnai avec une de mes
sœurs dans une de ses courses. Une église
s'étant rencontrée sur nos pas, nous y
entrâmes ; et ma mère se mettant à genoux,
je suivis son exemple, sans trop savoir ce
que je devais faire. Mais, au même instant, une lumière toute céleste parut aux
yeux de mon âme ; et quoiqu'il n'y eût
point de statue de la sainte Vierge, devant l'autel où nous nous trouvions,
j'en vis une dans cette clarté qui brillait à
mes yeux. Aussitôt je récitai l'*Ave Maria*
avec une ferveur que je n'ai jamais ou-
bliée, et qui m'a toujours fait aimer cette
prière, car les impressions profondes que
je ressentis en la récitant n'ont jamais pu
s'effacer de ma mémoire. Il me semblait
que la sainte Vierge s'inclinait vers moi
et m'environnait de sa protection ; aussi
est-ce à Marie que je crois être redevable

de toutes les grâces que j'ai reçues du Seigneur.

« Je ne dis rien à personne de ce que j'a-
vais vu ; quoique douée d'une grande sen-
sibilité, j'étais peu expansive, et ma mère
souffrait de cette disposition. Quelquefois,
elle me pressait de donner des témoignages d'affection ; je le faisais alors par
obéissance ; mais en répétant les paroles
qu'elle me suggérait, je gardais une certaine réserve, surtout quand elle me faisait dire, aux personnes qui me donnaient
des preuves d'amitié, que je les aimais de
tout mon cœur. Je pensais, dans ma simplicité, que le bon Dieu seul pouvait l'a-
voir tout entier, et je craignais de manquer
de sincérité. Comme j'étais persuadée que
ma mère ne me faisait rien dire que de
bon, je lui obéissais, mais en gardant toujours le désir d'aimer le bon Dieu par-des-
sus toute chose.

« Je ne puis penser à cet heureux état de
candeur et d'innocence, sans me sentir pénétrée d'un bien vif regret de l'avoir sitôt
perdu. Je le conservai, tant que je demeu-

rai sous le regard de ma mère, et au sein
de la famille ; mais je devais, bien jeune
encore, faire la triste expérience du danger
qu'il y a à se lier d'amitié avec des personnes gâtées. La divine lumière ne tarda
pas à éclairer mon esprit ; dès que je con-
nus le péché, j'en eus horreur et l'évitai
dès lors avec un grand soin.

« Une fois, je me laissai entraîner à voler
des fruits dans un jardin avec une de mes
compagnes ; ce n'était que par la force du
mauvais exemple, car je les donnai ensuite.

« Il m'arriva encore un autre jour de garder une petite pièce d'argent que j'avais
trouvée dans une maison voisine où je
m'amusais ; comme je ne l'avais point dé-
robée, je croyais pouvoir en disposer ;
mais l'ayant montrée à mes parents, ils
voulurent savoir d'où je l'avais tirée, et la
crainte qu'ils me la fissent rendre me fit
manquer de sincérité ; je dis que je l'avais
trouvée sur une promenade. Comme je
n'avais pas la coutume de blesser la vérité, l'on reconnut à mon air embarrassé

et à la rougeur qui couvrit mon front que j'avais menti.

« Quel tourment cette petite avarice ne me causa-t-elle pas ! Je n'ai jamais pu l'oublier. Et peut-être est-ce à cette inquiétude que je dois d'avoir connu plus tard que ce n'était pas dans la possession des biens de la terre que le cœur de l'homme peut trouver le bonheur.

« Quoique je n'eusse pas l'habitude de manquer mes prières, je les faisais très mal, croyant satisfaire à ce devoir auquel — au reste — je n'aurais pas manqué volontairement, pourvu que je récitasse vocalement les formules que je savais. Je me rappelle avoir fait quelquefois tout mon possible pour ne point faire ma prière avec ma mère, parce que je trouvais qu'elle la faisait trop longue.

« Je manquais souvent d'obéissance ; je murmurais, lorsque l'on m'ordonnait ce qui n'était point conforme à mes goûts ; cependant je ne résistais point, car j'aurais eu beaucoup de peine de causer du chagrin à ma mère. Aussi un seul de ses

regards suffisait pour me faire accomplir
ses volontés; ce qui ne provenait, ce me
semble, que du désir que j'avais de la contenter.

« Malgré toutes mes ingratitudes, le Seigneur ne cessait point de veiller sur moi.
Il a fait même éclater sur moi sa miséricorde, en me retirant cinq ou six fois d'une
manière presque miraculeuse de très grands
dangers de l'offenser.

« Cependant, quand l'époque de ma première communion arriva, j'éprouvai de
très grandes perplexités au sujet de mes
fautes; car je désirais de tout mon cœur
me préparer à cette action avec tout le
soin possible.

« Je priai beaucoup, afin que Dieu m'é-
clairât, et il m'accorda la grâce que je sol-
licitais avec tant d'ardeur : la force de découvrir ce qui se passait dans mon âme.
La réception du sacrement de Pénitence
fut pour moi une des plus grandes consolations. Il me semble que Dieu m'inspirait un repentir bien sincère de toutes
mes fautes et la joie que je ressentis de

pouvoir me dire encore l'enfant du bon
Dieu fut si sensible que je n'ai jamais ou-
blié ces douces impressions.

« Le lendemain, jour de ma première
communion — fête de la Sainte-Trinité —
fut un jour de bonheur bien senti, surtout par la paix qui régnait dans mon âme
et qui me tenait absorbée dans un recueillement profond, sans que je pusse me
rendre compte de ce qui se passait en
moi.

« La position de la famille n'avait point
permis à mes parents de me faire donner
d'autre éducation que celle qu'on reçoit
dans une école de charité. Tout se bor-
nait pour moi à apprendre à lire et à
écrire ; mais ma mère qui estimait avant
tout l'instruction chrétienne avait mieux
aimé me confier à des personnes consa-
crées à Dieu, que de me mettre dans une
pension séculière, où elle croyait voir
moins de secours pour la piété. Étant devenue plus âgée, je lui ai souvent entendu
dire : qu'elle aimait bien mieux me voir
instruite de mes devoirs envers Dieu que

de toute autre science, quoiqu'elle sût bien
apprécier la bonne éducation. Elle y sup-
pléait, autant qu'elle le pouvait, en nous
inspirant de bons sentiments et en ne nous
laissant fréquenter que des personnes ca-
pables de nous porter au bien.

« Quelque temps après ma première communion — vers l'âge de douze ans — je
quittai la classe, pour aider ma mère dans
ses occupations. Si je ne gagnais rien pour
la culture de l'intelligence, j'eus tout à gagner du côté du jugement. Les conseils
que je recevais ne servaient pas peu à me
désabuser de tout ce que le monde appelle
bonheur.

« Ma mère n'avait point de secrets pour
moi ; elle me faisait part de toutes ses
peines, ce qui nécessairement me faisait
comprendre que le vrai et solide bonheur
ne pouvait se trouver qu'en Dieu seul ; ce
qui me rendait fidèle à mes exercices de
piété, peu nombreux à cette époque.

« Mon titre de congréganiste que j'aimais
tant, me faisait une obligation de sanctifier les jours spécialement consacrés à ho-

norer Marie; je m'y préparais, en priant avec plus d'attention, en pratiquant une plus grande obéissance, et surtout en ne chantant point de romances qui ne me paraissaient point assez en rapport avec la grande grâce que Dieu me préparait.

« Vers l'âge de quatorze ans, la fréquentation de quelques personnes peu pieuses — je dirai même mondaines — fut d'un grand danger pour moi. Il est vrai que je n'étais point liée d'amitié avec ces personnes ; mais, obligée de les entendre parler et de les voir agir, j'en emportai dans mon esprit des impressions fâcheuses. Je me laissai même entraîner par l'exemple à lire quelques feuilletons. Heureusement, le bon Dieu permit que je ne prisse aucun goût à cette lecture, quoique j'aimasse beaucoup de lire.

« Je conçus vers ce même temps un grand désir de plaire et d'être aimée, quoique je n'eusse point voulu que personne offensât le bon Dieu à cause de moi. Je prenais un certain plaisir dans les louanges et les

flatteries dont je me voyais l'objet ; la vanité, l'amour-propre savaient s'en nourrir
en secret, tout en cherchant à les éluder.
Cependant, je sentais bien que tout cela
n'était que mensonge et tromperie, mais je
ne laissais pas d'y trouver quelque satisfaction.

« J'étais dans une illusion complète,
croyant qu'une telle vie pouvait s'allier
avec mes pratiques de piété ordinaires,
que je n'aurais pas abandonnées pour rien
au monde. Seulement, depuis que je me
livrais à cette vie si dissipée, mon âme ne
goûtait plus la paix délicieuse dont elle
était pénétrée, lorsqu'elle s'unissait à Jésus par la sainte Communion. C'était, au
contraire, une agitation secrète, au milieu
de laquelle il me semblait entendre des
reproches intérieurs. Alors, je promettais
à Dieu de lui être plus fidèle ; je veillais,
en effet, sur moi-même pour éviter les
fautes graves ; mais je continuais à chercher à plaire.

« J'approchais de ma quinzième année,
lorsqu'il plut au Seigneur de faire éclater

sa miséricorde, au moment même où je m'en rendais le plus indigne.

« Le monde se présentait à moi sous un aspect des plus séduisants ; mais l'expérience des peines de la vie — que les conseils de ma mère m'avaient fait connaître — me tenait en garde contre ses attraits. De plus, je n'eusse point voulu abandonner le service de Dieu, et, souvent, ces paroles : « Nul ne peut servir deux maîtres » se présentaient à mon esprit. J'avais lu aussi qu'un chrétien ne peut servir Dieu et le monde, la vanité et la dévotion ; et j'étais tout occupée de ces pensées, quand survint une occasion des plus dangereuses pour moi.

« Je me vis recherchée par une personne que je ne connaissais pas ; ses assiduités, autant que sa conduite, ne pouvaient me laisser aucun doute sur son inclination ; néanmoins, je voulus m'en assurer d'une manière plus positive. Pour cela, je demandai un jour à ma mère d'aller faire une visite au Saint-Sacrement, dans une église peu éloignée ; ce qu'elle me permit

sans faire de difficultés, ayant une confiance entière en ma prétendue sincérité.
— O Jésus, ô bon et tendre Pasteur de mon âme, puis-je penser à ce jour d'éternelle mémoire, sans me sentir pénétrée de douleur et d'amour !

« Je sortis donc vers l'heure où j'espérais rencontrer celui dont les recherches semblaient vouloir captiver mon cœur. Je ne me trompai point dans mon attente, et je reçus des marques non équivoques de ce que je croyais. Mais Jésus se montra jaloux de mon cœur. Il ne permit pas que je répondisse par un seul regard même à toutes ces recherches, et la rougeur seule qui couvrit mon front put faire comprendre que j'y étais sensible.

« Dans tout cela, je n'aurais point voulu que le bon Dieu fût offensé ! Ce n'était que le désir d'aimer et d'être aimée d'une manière légitime qui me faisait agir.

« Je continuai pourtant ma course jusqu'à la petite chapelle — des Carmélites — où Jésus m'attendait, sans se lasser de mes résistances ni de mes ingratitudes. Ah ! je

puis bien dire qu'Il a montré pour moi les
bontés du père de l'enfant prodigue ; car
Il me prévint par sa grâce, avant mon entrée dans sa demeure. A peine la porte du
saint lieu se fut-elle fermée sur moi, je
tombai à genoux sans savoir ce que je
faisais.

« Une lumière éblouissante qui entou-
rait le Tabernacle vint éclairer les yeux de
mon âme ; et du milieu de ce nuage étince-
lant, j'entendis une voix qui retentissait aux
oreilles de mon cœur et qui semblait me
répéter : « Je suis le Seigneur, ton Dieu.
« Tu n'auras point d'autre Dieu que moi.
« Eh ! quoi, enfant de ma prédilection éter-
« nelle, me délaisseras-tu pour la créature ?
« Qui t'a jamais plus aimée que moi ? N'ai-
« je pas donné mon sang et ma vie pour ton
« amour ? Quels biens sur la terre pour-
« raient contenter les désirs insatiables de
« ton cœur, créé pour l'Infini ?... » J'entendis encore bien d'autres choses qui me
firent connaître Jésus, son amour pour
moi ; et je compris dès lors qu'Il m'appelait à la vie religieuse.

« Il se livra un violent combat dans mon être ; la nature ne voulait point céder ses droits ; mais mon cœur ne pouvait tenir contre les témoignages d'amour qu'il recevait du Seigneur. Sa grâce triompha... et ce fut de toute la force de ma volonté que je dis : « Seigneur, je suis toute à Vous, à » tout jamais ! »

« Après m'être donnée ainsi toute à Dieu, je sortis comme d'un long rêve... et je me trouvai inondée de larmes et toute transformée dans mon intérieur. Je n'eusse point voulu quitter ce sanctuaire, mais en reprenant mes idées, le souvenir du motif qui m'y avait amenée vint redoubler mes sanglots. Il me semblait que mon cœur se fendait de douleur de mes ingratitudes, en présence d'un si incompréhensible amour de la part du bon Dieu.

« Ma première pensée fut de m'ouvrir à mon confesseur. J'allai, en effet, le trouver peu de jours après ; mais — peu habituée à communiquer ce qui se passait dans mon âme — je me contentai de lui dire ce qui troublait ma conscience par rapport à l'affection trop naturelle à laquelle je m'étais laissée aller. Tout ce que j'osai lui demander, pressée par l'inspiration de la grâce, ce fut la permission de communier plus souvent, me reprochant vivement de n'avoir jamais senti pour Jésus ce que j'avais éprouvé pour la créature.

« Je reçus dans ces occasions des avis très salutaires, auxquels je tâchai de conformer ma conduite. Puis je me fis un petit règlement de vie que je m'appliquai à observer avec la plus grande fidélité, sans en parler à mon confesseur — parce qu'il me semblait que je ne devais lui parler que de mes péchés. Cependant, il ne tarda pas à s'apercevoir du changement de ma conduite et m'encouragea beaucoup à persévérer. Je lui découvris alors ce que le bon Dieu avait fait pour m'attirer à Lui, et le désir que j'avais de répondre à son appel, en embrassant la vie religieuse.

« L'ordre du Carmel me paraissait le plus propre à expier les égarements de ma vie ; j'avais aussi beaucoup d'attrait pour la solitude. Mon plus grand bonheur était de me trouver seule avec Jésus. Je passais des heures entières à converser avec Lui, et ces heures ne me paraissaient que des instants. Dès que j'entrais dans l'église, mon esprit et mon cœur s'élançaient vers le Tabernacle; alors Notre-Seigneur se faisait mon Maître; Il m'inspirait, m'éclairait, me fortifiait dans son amour. Quand je Le recevais dans la sainte Communion, Il me donnait de si grands témoignages de sa tendresse que, parfois, j'étais comme anéantie. Ce n'était qu'avec regret que je quittais le sanctuaire; mais appliquée plus qu'autrefois aux devoirs de mon état, je me portais à satisfaire en tout la volonté de ma mère.

« Souvent, dans la journée, je me surprenais à m'entretenir avec mon bon Maître. Si j'avais à faire quelque commission, je n'hésitais pas à faire de grands détours pour Le visiter. Tout me portait vers Jésus; mon âme le cherchait partout; elle était toujours attirée et sans cesse rassasiée.

« Je me rappelle qu'un jour, entrant par

occasion dans cette même chapelle où
Jésus s'était manifesté à moi pour la première fois, le Saint Sacrement se trouvait
exposé. Je ne puis dire ce que je ressentis,
à cette vue. Ce fut comme un dard enflammé
qui vint incendier mon cœur, déjà si plein
de reconnaissance pour la grâce de la
Communion que j'avais faite quelques
heures auparavant. Mais ce dont je ne
puis perdre le souvenir, c'est un sentiment d'humilité profonde, de confusion
extrême qui me pénétra vivement et qui
me faisait dire : « Seigneur, sur qui
« versez-vous ainsi vos grâces et vos
« faveurs?... Oh! n'oubliez pas mon indi-
« gnité ! »

« Dans toutes ses communications,
Notre-Seigneur m'entretenait de la vocation
religieuse et ne cessait pas de me répéter :
« Je t'ai choisie pour mon Epouse... Tu
« seras à Moi, comme je suis à toi. » — Il me
pressait souvent d'en parler, mais je
n'osais le faire, me trouvant indigne d'as-
pirer à cette vie si sublime. De plus, je
savais que la position de ma famille ne lui

permettrait pas de faire pour moi le moindre sacrifice.

« Sur ces entrefaites, mon confesseur
ayant embrassé l'état religieux, je me vis
obligée de m'adresser à un autre : ce que
je ne fis pas sans consulter le bon Dieu, Le
priant de me conduire Lui-même au guide
qui devait entrer dans ses desseins sur
mon âme. J'expérimentai alors la vérité de
ces paroles : — Celui qui espère au Seigneur ne sera pas confondu dans son espérance.

« Cependant j'approchais de ma dix-sep-
tième année et je me sentais si fortement attirée vers le cloître que je tombai dans un état
de langueur, que ma mère ne tarda pas à
apercevoir. Son cœur maternel s'alarma ;
et quoiqu'elle me laissât libre de pratiquer
tous les exercices de piété, elle me grondait de temps à autre, craignant que ma
santé n'en dépendît. Mais mes sœurs, qui
m'aimaient tendrement, ne pouvaient supporter qu'elle me contrariât en cela, de
sorte que je demeurai victorieuse.

« Je perdis toute gaité ; la compagnie des

personnes du monde m'était insupportable ; je me dérobais à leurs importunités et je demandais instamment à Jésus de m'ouvrir enfin la voie qui devait me conduire à Lui. Le Bon Maître m'encourageait et me disait toujours : — « Tu es à Moi... Espère tout de mon amour. »

« Telles sont, en résumé, les consolations que je reçus à cette époque de ma vie ; mais les épreuves ne me manquèrent pas. Dès le commencement, j'eus à soutenir de longs combats ; car la nature n'était pas tellement subjuguée par la grâce, que je n'eusse de violents efforts à faire pour combattre ses penchants déréglés. Je trouvai d'abord un asile assuré contre ces tempêtes dans les plaies sacrées de mon Divin Sauveur. La Passion, qui était l'objet ordinaire de mes méditations, fut ma sauvegarde. Bientôt après, l'ennemi de mon âme me poursuivit si rudement, qu'à tout instant il me semblait que j'allais périr. Alors, je criais vers Jésus, j'invoquais Marie et le calme rentrait dans mon esprit.

« Que de grâces de protection n'ai-je pas reçues de la sainte Vierge à cette époque de ma vie ! Aussi je m'adressais à Elle, avec une pleine confiance, et jamais Elle ne m'a rien refusé.

« Je la pris alors pour mon guide, la priant de conduire mes pas vers le lieu de ma sanctification ; puis, attendant tout de son secours, je m'abandonnai à ses soins.

« Ce fut dans l'octave de son Assomption glorieuse que ma bonne Mère commença à exaucer mes vœux ; car je ne puis douter que ce ne fût par inspiration divine que mon confesseur me parla, pour la première fois, des Religieuses de Notre-Dame, m'engageant à marcher sur leurs traces en imitant Marie. Pour me rendre plus agréable à la Reine des Vierges, il me dit : qu'à la prochaine fête que nous célébrerions en son honneur, il me permettrait de faire le vœu de chasteté jusqu'au jour de la Purification.

« Toutes ces choses m'étonnèrent beaucoup, d'autant plus que je n'avais jamais manifesté d'autre attrait que celui du

Carmel. Mon ignorance m'était trop connue pour tourner mes regards vers un
ordre enseignant. Je m'estimai pourtant
heureuse de la promesse qui me fut faite
de consacrer mon cœur à Jésus. Je ne
sais ce que j'aurais voulu faire pour le lui
présenter moins indigne, je fis du moins
tout ce qui fut en mon pouvoir, et, le 8 septembre 1850, jour de la Nativité de la
sainte Vierge, je donnai mon cœur à Jésus
et dans ma donation je compris ma vie
tout entière.

« Le Seigneur, qui ne se laisse jamais
vaincre en générosité, répandit ses grâces
dans mon âme avec la plus grande pro-
fusion ; Il éclaira mon esprit d'une
lumière toute surnaturelle. C'était surtout
au pied de la Croix que je recevais les
plus sublimes instructions, là que j'appris
la pratique des plus grandes vertus, et en
particulier la charité, car il m'arrivait
souvent de me laisser dominer par des
sentiments d'animosité. Je conservais
aussi un peu de rancune envers les personnes injustes à l'égard de ma mère,

mais je ne crois pas avoir jamais con-
senti à désirer du mal à personne, ni
m'être réjouie de celui qu'on pouvait
éprouver.

« Tandis que Jésus me renouvelait dans
mon intérieur, Il me préparait aussi des
moyens tout providentiels pour entrer
dans l'asile sacré où je devais me consacrer à son service. Le 4 octobre, jour où
l'Eglise célèbre la fête de saint François
d'Assise — pour qui j'avais une grande
dévotion — comme je me préparais à la
sainte Communion, je vis Notre-Seigneur
—non plus comme je l'avais vu jusqu'alors,
tout éclatant de lumière et si éblouissant que
ma vue intellectuelle ne pouvait distin-
guer aucune figure — mais dans sa sainte
Humanité, d'une beauté ravissante. Me
montrant sa Croix, Il me fit entendre ces
paroles : — « Que celui qui veut venir
« après Moi se renonce lui-même, qu'il
« porte sa croix et qu'il me suive. » — Je
me sentis aussitôt éprise d'amour pour
cette croix ; et comme je ne savais pas
connaître en quoi elle consistait pour moi,

mon Bon Maître me dit : — « Tu la trou-
» veras dans le renoncement à ta volonté
» propre. » Après la sainte Communion,
Jésus me fit sentir que le moment de le
suivre dans la pratique du renoncement
était arrivé. C'était de cette manière qu'Il
me montrait la vie religieuse et me pressait de l'embrasser. Quelques heures
après, j'eus une preuve certaine du soin
que Notre-Seigneur prenait de mon âme.

« Une bonne sœur de Charité, qui m'avait
donné ses soins dans mon enfance et qui
n'avait point cessé de m'aider de ses conseils, m'envoya prendre pour me demander si je ne serais pas disposée à entrer
chez les Religieuses de Notre-Dame. Une
maison de cet Ordre, ayant besoin de
sujets, s'offrait à recevoir les personnes
douées d'une bonne vocation, sans exiger
de dot.

« Quoique j'eusse beaucoup de peine à
quitter mon premier attrait pour le Carmel, je n'osai point refuser ; mais je
voulus, avant tout, consulter mon confesseur. Quel ne fut pas mon étonnement

quand, à la première ouverture, il m'assura que c'était là que le bon Dieu m'appelait. Il m'ordonna même d'écrire, malgré toutes les représentations que je pus lui en faire. Sur ces entrefaites, mon confesseur reçut lui-même une lettre de la supérieure de ce même monastère, dans laquelle elle le priait de vouloir bien lui adresser quelques vocationnaires. Toutes ces circonstances me firent reconnaître la Volonté de Dieu.

« Je m'en ouvris alors à ma mère, qui me répondit en bonne mère chrétienne : « Je « ne veux que ton bonheur, ma fille ; si tu « dois être heureuse, pars. » — Ses larmes ne lui permirent pas de m'en dire davantage. Elle avait toujours désiré ardemment de voir un de ses enfants consacré au Seigneur. Pendant bien des années, elle avait espéré que l'aîné de ses fils lui donnerait cette consolation : déçue dans cette espérance, elle bénit le Seigneur de ce qu'Il choisissait la plus jeune de ses filles : aveu qui me fut fait le jour de ma Profession. »

Ce fut le 11 novembre 1850 que Lucie Regraffe quitta le monde.

Une parole qui lui fut dite presque au début de sa vie religieuse fut pour la Sœur Sainte-Agnès une véritable révélation. « Il faut, lui disait une Mère, qu'on puisse dire d'une religieuse ce qu'on disait de Jésus : Il a bien fait toutes choses. » Pour réaliser cet idéal, la jeune novice se mit à l'école de son divin Maître, et celui-ci ne lui refusa ni ses enseignements ni l'occasion de les mettre en pratique. « Seigneur, lui dit-elle, enseignez-moi ce qu'il faut que je fasse pour entrer dans vos desseins ? — Que tu me laisses agir en Maître, et disposer de toi selon mon bon plaisir, sans te mettre en peine d'autre chose que de te montrer toujours fidèle. »

Ecoutons-la : elle va nous raconter elle-même ses premières impressions.

« A mesure que les pratiques de la vie religieuse m'étaient dévoilées, je les aimais ; mais rien n'était comparable au bonheur que j'avais de pouvoir visiter Jésus. Rien ne me coûtait et j'étais amplement dédom-

magée de tous les sacrifices, pourvu que
je pusse passer quelques instants aux
pieds de mon bon Maître.

« Le jour de la Purification, qui était
celui où je devais renouveler mon vœu de
chasteté, fut choisi pour ma vêture. Que
de larmes d'amour et de reconnaissance,
je répandis alors ! Le souvenir des innombrables bienfaits que j'avais reçus du
Seigneur, m'animait d'une sainte ardeur.
J'eusse voulu sacrifier mille mondes,
mille vies pour lui témoigner ma gratitude
et mon amour.

« L'obéissance avait pour moi tant d'attraits qu'elle me rendait tout facile.
Obligée de me livrer à l'étude pour me
rendre utile à la Communauté, je sur-
montai sans trop de peine les premières
difficultés ; et insensiblement, j'y pris
tant de goût que je me laissai emporter
par cette inclination naturelle. Notre-
Seigneur ne tarda pas à me le reprocher ;
je sentis une diminution de ferveur dans
mes exercices de piété. Mes supérieurs, à
qui je fis part de cette disposition, ne

jugèrent pas à propos de me dispenser
d'étudier. Je demandai alors à Notre-
Seigneur de ne point permettre que cet
acte d'obéissance s'opposât en rien à ses
desseins sur mon âme ; car j'étais heureuse de demeurer dans l'ignorance,
pourvu que j'apprisse à faire sa Volonté !

« Ces paroles de l'Apôtre me revenaient
souvent à l'esprit. — « Je ne veux savoir
« rien autre chose que Jésus... et Jésus
« crucifié. » — Elles me tenaient en garde
contre une trop grande envie de savoir et
me portaient à m'appliquer à l'étude des
choses de Dieu, mais surtout à la connaissance de Notre-Seigneur.

« Le temps de mon Noviciat ne fut pas
exempt de peines intérieures. Le souvenir
de mes péchés venait souvent troubler la
paix de mon âme, bien que je ne visse
rien qui pût troubler ma conscience, quand
je voulais en venir à un compte sévère
avec moi-même. C'étaient des perplexités
continuelles qui me faisaient tomber dans
le scrupule ; mes supérieurs, s'en étant
aperçus, se montrèrent sévères à mon

égard, et l'obéissance me délivra de ces tourments d'esprit. Je fus souvent accablée de pensées d'amour-propre. Je ne pouvais rien dire ni rien faire, que quelque sentiment de complaisance ne vînt se glisser dans mes paroles et dans mes actions.

« L'idée me venait parfois d'agir de travers, afin d'éviter les saillies de l'amour-propre ; mais je crus ne devoir pas le faire sans consulter mes supérieurs ; ce qu'ils ne voulurent point me permettre, m'assurant que Dieu ne manquerait pas de me fournir les occasions de combattre le fonds d'orgueil qui me dominait. »

Sans doute, ces aveux et ceux qui ont précédé, n'accusent pas de grandes fautes, mais en même temps qu'ils font déjà éclater l'humilité de Sœur Sainte-Agnès et la bonté infinie de Dieu qui veillait sur ce vase d'élection et la préparait si bien à ses desseins, ils fournissent une vraie consolation aux âmes qui se sanctifient avec peine. Après tout, y a-t-il un autre moyen ?

Aussi il est utile — dans la vie des saints personnages — de ne pas considérer seulement leurs vertus ou leurs actions généreuses, mais aussi leurs difficultés et leurs faiblesses.

Il semble, quelquefois, en lisant certains historiens, que leur héros soit un ange tombé du ciel. Comme le fait très bien remarquer l'auteur d'une biographie récente : « Dans ces panégyriques, on raconte la vertu pratiquée et on supprime l'effort. » De là un découragement profond pour le lecteur qui se voit si éloigné de ces modèles sans tache, et l'on vient même à mettre en doute la véracité du narrateur. Mais si, au contraire, l'ange nous apparaît avec sa figure humaine, on croit à la réalité de l'héroïsme parce qu'on constate la réalité des misères, et l'on répète avec saint Augustin : « Pourquoi ne pourrais-je pas ce qu'ont pu ceux-ci et ceux-là ? »

« Cependant je ne cessais point de soupirer après le jour de mon entière consécration au Seigneur. Mon âme se consumait dans le désir d'être toute à Jésus, quoique je me sentisse toujours bien indigne de devenir son épouse. Quand ce jour —

2 février 1853 — vint enfin luire à mes
yeux, oh! je ne dirai pas tout mon bonheur; car il me semble que ce n'était pas
un bonheur de la terre. Au reste, je ne
saurais exprimer ce que je ressentis dans
mon âme, surtout au moment de mon
immolation au Seigneur. Durant le reste
de la journée, je ne pouvais que répéter
ces paroles de ma divine Mère : « Mon
âme glorifie le Seigneur, et mon esprit est
ravi de joie en Dieu mon Sauveur. »

Et ce n'est point là feu de paille, ferveur des premières impressions, vague
enchantement à l'entrée de l'inconnu. C'est
l'épanchement naturel d'une âme qui a
trouvé son véritable élément.

Après le chant de l'action de grâces, la
nouvelle religieuse songea aux moyens à
prendre pour assurer sa persévérance.
Tout d'abord, sa nature généreuse lui fait
croire que toute résolution est superflue :

« Je me rappelle avoir écrit alors : la donation que j'ai faite de moi-même au Seigneur me paraît si sincère qu'il me semble
inutile de prendre des résolutions particu-

lières, puisque je suis toute à Lui et que je ne m'appartiens plus moi-même; néanmoins, comme je sens ma faiblesse et que je dois tout craindre de ma fragilité, je forme les résolutions suivantes : Pour accomplir mes vœux avec plus de fidélité, je m'appliquerai à la pratique la plus exacte de nos saintes Règles, les regardant, non seulement comme un moyen de perfection, mais encore comme un devoir rigoureux que je promets à Dieu de remplir pour lui prouver mon amour. Tel fut, à peu près, le sens de ma première résolution. Je me proposai ensuite de regarder toujours l'emploi que l'obéissance m'imposerait, comme le seul moyen que le bon Dieu me donnerait pour me sanctifier et, pour cela, de m'en acquitter avec tout le soin qu'il me serait possible. Pour me conserver dans l'esprit de pauvreté, je promis de me défaire de tout objet inutile, quelque minime qu'il pût être, et même de tout objet utile ou nécessaire, si je pouvais trouver quelque satisfaction à le garder.

« L'amour-propre étant mon défaut do-
minant, je pris la résolution de le combattre tous les jours de ma vie, en évitant de
m'excuser dans les répréhensions qui me
seraient faites, même sans être coupable,
en veillant sur mes paroles et sur mes
actions pour retrancher tout ce qui pouvait ressentir la vanité, en avouant mes
fautes régulièrement, enfin par tous les
moyens que Dieu me donnerait de parve-
nir à la pratique de l'humilité. Cette ferveur se soutint assez, avec la grâce de
Dieu, les deux premières années qui suivirent ma profession ; je ne laissai pourtant pas de manquer quelquefois de fidélité, je tombai même habituellement dans
quelques fautes telles que des distractions
volontaires ou non combattues par négli-
gence, petites critiques mais pourtant sans
malice, manque d'exactitude dans mon
emploi, saillies d'amour-propre non répri-
mées, manque au silence par immortifica-
tion et bien d'autres infidélités que le bon
Dieu me reprochait fortement, surtout
après la sainte Communion que je ne ces-

sais point d'aimer et de désirer ; car rien
ne pouvait égaler la joie de mon cœur,
lorsque quelque circonstance imprévue
me fournissait l'occasion d'une communion de plus. J'aimais beaucoup les grandes solennités parce qu'on me permettait
de communier toute l'octave, et pourtant
je n'en devenais pas plus généreuse. Mais
Notre-Seigneur m'attirait à Lui avec tant
de force que je ne pouvais résister à son
amour. Aussi triompha-t-Il encore de
toutes mes résistances à la grâce en me
faisant éprouver un si grand remords à la
suite de mes infidélités, que la peine que
j'en ressentais était deux fois plus grande
que celle que j'eusse eue à me faire vio-
lence pour l'éviter.

« Je ne parlais point de toutes ces choses
à mon confesseur ni à ma Supérieure —
parce que je croyais que Dieu gardait la
même conduite à l'égard de toutes les âmes
religieuses — je m'en reconnaissais indigne et je ne cessais de remercier le Seigneur d'avoir bien voulu m'admettre de
leur nombre.

« Le jour où l'Église célébrait la fête de
la Sainte-Trinité, méditant sur ces paroles :
« Ce n'est pas vous qui m'avez choisi,
« mais c'est moi qui vous ai choisies », j'entendis le divin Maître me dire : « Oui !
« c'est moi qui t'ai choisie, ma fille, je t'ai
« retirée du monde comme un jardinier
« transplante un arbrisseau d'une terre
« stérile et maudite, pour le placer dans
« une terre fertile et bien cultivée, où il se
« plaît à lui donner des soins. Ainsi t'ai-je
« placée dans mon jardin de délices pour
« te faire porter des fruits de perfection
« pour ma gloire.

« Les bons désirs qui t'animent te repré-
« sentent les fleurs qui paraissent en leur
« temps. L'arbre en fleurs est agréable à
« voir. Toutefois le fruit en est bien plus
« utile et c'est de la fleur qu'il se forme.
« Pour cela, elle perd son éclat, sa beauté,
« elle se dépouille et ne laisse apercevoir
« qu'un germe qui ne paraît rien et qui pour-
« tant deviendra avec le temps un fruit
« doux et suave. Les bons désirs de ton
« cœur sont l'indice de l'affection que tu

« conçois pour les vertus que je t'enseigne,
« ils sont comme les fleurs qui t'enchan-
« tent, mais pour germer dans ton cœur,
« il faut que ces fleurs spirituelles perdent
« tout ce brillant, et qu'elles se dépouil-
« lent entièrement de tout ce qui plaît à
« la nature, alors ma grâce les vivifiera
« et elles deviendront des fruits bons et
« sincères que je conserverai pour la vie
« éternelle. »

« Après avoir entendu ces paroles, je me
sentais animée d'un désir ardent de travailler à l'œuvre de ma sanctification et je
me rendais plus attentive et plus fidèle à
l'inspiration de la grâce...

« Cette étude de moi-même n'a point été
passagère. Notre-Seigneur n'a point cessé
de m'y arrêter. Depuis plusieurs années,
elle est devenue comme l'oraison habi-
tuelle, où je puise toujours de nouvelles
connaissances, et toutes les fois que le bon
Dieu n'agit point directement par Lui-
même dans mon âme, c'est le seul sujet
de méditation que je puisse employer,
mon esprit ne trouve de repos que dans

cette étude. Soit que Dieu m'éclaire, ou qu'Il me laisse dans les ténèbres, je trouve toujours de quoi m'intéresser. Quand la lumière divine brille aux yeux de mon âme, je découvre ma profonde misère, et quand les ténèbres m'environnent, j'en éprouve le sentiment.

« C'est ainsi que le Seigneur fait tout servir à ma sanctification, me tenant toujours par là dans une profonde humilité, quelque grandes que soient les faveurs qu'Il m'accorde. Au reste j'ai remarqué que les grâces les plus extraordinaires que j'ai reçues du Seigneur ont toujours été précédées et suivies d'une connaissance plus parfaite de mon indignité ; je ne puis dire à quelle confusion Notre-Seigneur m'a réduite soit avant, soit pendant ou après les faveurs qu'Il m'a faites...

« Notre-Seigneur m'honorait souvent d'une présence intellectuelle, qui ravissait mon âme, et dans les communications qu'Il me faisait, ses paroles étaient accompagnées des effets.

« Lorsque Jésus me parlait ainsi, rien

n'aurait pu me faire douter de la vérité de
ce qui se passait en moi. Voilà pourquoi,
répondant à ses désirs, toutes mes orai-
sons et mes actions de grâces, après la
sainte Communion, se passaient à écouter
en silence les amoureuses plaintes du
Cœur de mon bon Maître sur l'oubli et
l'ingratitude des hommes. Ces communications devinrent toujours plus pressantes, je me sentis incapable de soulager
mon bon Maître, et je cherchai à me per-
suader qu'il était impossible que Notre-
Seigneur pût arrêter ses regards sur une
telle créature...

« Comme je le priais avec grande instance, pressée par le désir de lui témoigner
mon amour et d'accomplir sa volonté, Il se
présenta à moi, tenant en main un calice,
et Il me dit : « Ma fille, j'ai deux parts
« dans ce calice de mes souffrances ; l'une
« renferme les maladies cruelles, les per-
« sécutions de la part des hommes, toutes
« sortes d'épreuves extérieures qui me ren-
« dent mes amis conformes. Mais en les
« abreuvant d'amertume, mon amour sait

« leur adoucir toute chose par l'onction
« intérieure de ma grâce.

« L'autre part de mon calice, ma fille,
« renferme les douleurs, les tristesses, les
« angoisses de mon âme, les peines, les
« délaissements de mon cœur. Je trouve
« un plus grand nombre d'âmes disposées
« à partager mes souffrances corporelles,
« que je n'en trouve qui veuillent s'unir à
« mes peines intérieures, quoique par ce
« moyen je les unisse plus intimement à
« mon divin Cœur... Et toi, ma fille, quelle
« part choisiras-tu ? — Oh, mon divin
« Maître, m'écriai-je, celle qui me rappro-
« chera le plus de votre divin Cœur. —
« Oui, me dit alors Jésus, c'est celle que
« mon amour te réserve, elle doit t'être
« d'autant plus précieuse qu'elle t'expo-
« sera moins au danger de l'amour-propre,
« puisque je serai le seul témoin de tes
« souffrances. »

« Animée d'une douce confiance, je lui
répondis : « Je veux être à vous, mon bon
« Maître. Je me soumets à tout, j'accepte
« tout. »

« Je n'ai point de paroles pour exprimer ce qui se passa dans mon âme lorsque j'eus prononcé ces paroles. J'avais alors vingt-huit ans — et depuis lors, je n'ai jamais cessé de demander à Notre-Seigneur de continuer à régner sur ma volonté, ou plutôt de ne jamais permettre que je suive ses écarts.

« Dans la retraite annuelle que je fis vers cette époque, Notre-Seigneur m'inspira un ardent désir de tendre toujours à ce que je connaîtrais de plus parfait, par amour pour Jésus. Le bon Maître me pressait de lui en faire la promesse, mais sentant ma faiblesse, je n'osai pas m'y engager par vœu et je me contentai d'une résolution ferme et sincère, bien résolue de m'y appliquer de toutes mes forces. »

Nous n'avons pas voulu interrompre ce récit, nous nous sommes borné à le résumer.

Et cependant elles sont nombreuses les réflexions qui en jaillissent spontanément.

On est frappé tout à la fois de l'accent de vérité qui s'en dégage et du caractère de profonde humilité qui y domine.

Si l'œuvre de Jésus se manifeste de bonne heure et toujours merveilleuse dans cette âme privilégiée, elle est secondée par sa généreuse correspondance.

# CHAPITRE II

### LA MÈRE SAINTE-AGNÈS
### ET SES DIRECTEURS

A cette formation entreprise par le divin Maître, il manquait une garantie indispensable, la garantie d'une direction extérieure. C'est vraiment merveille de voir comment Notre-Seigneur veut soumettre son propre travail dans les âmes au contrôle de ceux qu'Il a chargés de les éclairer. Cette conduite, Il l'a jugée nécessaire pour couper court aux illusions plus faciles et plus dangereuses en pareille matière qu'en toute autre.

Voilà pourquoi nous constatons, en parcourant la vie de tant de saintes âmes,

que plus grandes sont les difficultés aux-
quelles elles sont soumises, plus élevés
sont les sommets de sainteté auxquels il
leur faut aller par les voies épineuses du
sacrifice, plus pressant aussi se fait sentir
le besoin, plus brûlant se manifeste le
désir d'avoir une direction.

A la fin du premier cahier de ses rédac-
tions, la Mère Sainte-Agnès écrit : « Toutes
ces choses se passaient dans mon âme sans
que je pusse m'en ouvrir à personne. Je
sentais bien souvent le besoin de les communiquer, mais lorsque j'essayais de le
faire, je ne savais pas me faire comprendre,
et quand je m'en plaignais à Notre-Seigneur, Il me répondait : « Ne crains rien,
« c'est moi qui te conduis, je saurai quand
« il sera temps te donner des guides qui
« entreront dans mes desseins, et te sou-
« tenir dans la voie douloureuse que tu
« dois suivre. »

« Tels furent les divers états d'âme que
j'eus à supporter jusqu'en l'année 1864,
où ayant pu, pendant la retraite annuelle,
ouvrir toute mon âme au Père qui nous

donnait les saints Exercices, j'en reçus
une très grande consolation par l'assurance qu'il me donna que c'était Dieu qui
m'avait conduite. Ce fut aussi par l'avis
de ce Père que j'entrepris d'écrire les
choses qui se passaient dans mon âme. »

Quand bien même le P. Eugène Desjar-
dins, de la Compagnie de Jésus, n'aurait
donné que ce conseil, il prendrait place
parmi les guides promis par Notre-Seigneur à la religieuse de Notre-Dame. Grâce
à ce religieux, nous possédons ces pages
où l'intérêt le dispute à l'édification.
Cependant, nous avons tout lieu de croire
qu'il continua à être consulté par la Mère
Sainte-Agnès, surtout dans les circonstances ou plus importantes ou plus difficiles, comme nous le verrons à propos de
la doctrine de l'Infaillibilité Pontificale.
Mais aucun document ne nous autorise à
le considérer comme son directeur habituel. Cette mission était réservée au Père
Dominique, religieux Capucin.

Avant de renoncer complètement au
monde, l'abbé Gouttes avait rempli les

fonctions de vicaire à la cathédrale de Carcassonne, paroisse de Lucie Regraffe. C'est le seul poste qu'il occupa pendant les onze années de sa carrière dans le clergé séculier et le bien qu'il sut y produire l'éleva si haut dans l'estime publique, que son souvenir reste encore gravé dans toutes les mémoires.

Il entra chez les R. P. Capucins et, à peine son noviciat fini, ses supérieurs songèrent à lui pour en faire le P. Maître des Novices. Quelques années plus tard, il fut élevé à la charge de provincial. Parmi ses œuvres, nous retrouvons la fondation de nombreux couvents de son Ordre : Perpignan, Carcassonne, Mont-de-Marsan, Milhau, etc., etc.

C'est le P. Dominique qui, pendant son vicariat à la cathédrale de Carcassonne, prépara la jeune Lucie Regraffe à la première Communion et c'est à lui que, vers l'âge de 15 ans, elle découvrit « ce que le bon Dieu avait fait pour l'attirer à Lui, et le désir qu'elle avait de répondre à son appel en embrassant la vie religieuse. »

Il répondait donc à cette indication donnée, en 1866, par le Maître à sa fidèle disciple : « Le guide que je t'enverrai, c'est celui qui est déjà entré dans mes desseins sur ton âme et qui doit connaître l'œuvre de ma grâce en toi. Il te parlera en mon nom, et te montrera le chemin que tu dois suivre, et ce que tu dois faire pour me laisser agir selon mes desseins. »

Aussi, lorsqu'après 18 ans de séparation (1848-1866), dans une de ses courses apostoliques le P. Dominique, poussé par l'esprit de Dieu, vint frapper à la porte du Monastère de Notre-Dame, à Narbonne, la Mère Sainte-Agnès comprit que son désir d'avoir un directeur allait enfin se réaliser.

Ce choix, comme elle le racontera elle-même plus tard, avait été préparé de longue date.

« Je comprends maintenant une chose qui m'étonnait depuis bien des années, depuis surtout mon entrée dans la vie religieuse. Je me sentais une dévotion toute particulière pour saint François d'Assise et, chaque année, le jour de sa fête, je me voyais l'objet de quelque grâce particulière.

« J'attribuais cela à l'appel que Notre-Seigneur avait bien voulu m'adresser pour m'admettre à son service, le jour de la fête de ce bienheureux patriarche.

« Oui, je me le rappelle avec une vive émotion, c'était le 4 octobre 1850, après la sainte communion : Notre-Seigneur se découvrit aux yeux de mon âme, chargé de sa croix, et Il me fit entendre distinctement ces paroles : « Que celui qui veut « venir après moi se renonce, qu'il « prenne sa croix et qu'il me suive. »

« Depuis longtemps déjà je soupirais après le bonheur de la vie religieuse, sans savoir de quel côté je devais diriger mes pas, et, ce jour-là même, la voie qui m'a conduite dans ce sanctuaire qui m'abrite me fut ouverte. Ce fut même au moment où je lisais la vie de saint François que je fus appelée d'une manière toute providentielle.

« C'est ainsi, mon Père, que votre saint

Fondateur veillait sur l'enfant d'un de ses fils bien-aimés. Je suis donc un peu sienne, comme vous le voyez. Je veux me rendre digne, autant qu'il dépendra de moi, de mon séraphique grand-père. »

La visite du R. P. provincial des Capucins, à la religieuse de Notre-Dame, eut lieu en 1866, l'année même où le Maître venait de renouveler à sa fidèle disciple la promesse dont nous avons parlé.

Que se passa-t-il dans cette entrevue? Nous n'avons point de détails précis; mais nous pouvons nous faire quelque idée des impressions du P. Dominique.

Il avait connu une enfant du peuple que rien ne distinguait de ses compagnes, et il retrouvait, non seulement une religieuse, mais un cœur favorisé de grâces extraordinaires, une âme déjà avancée dans la plus haute spiritualité et, ce qui vaut mieux, une âme travaillant généreusement à se rendre fidèle aux leçons de son divin Maître.

Il ne fallut pas longtemps au ministre de Notre-Seigneur pour arriver à cette conviction. Car nous devinons, à n'en pas douter, quelle dut être la conversation de la Mère Sainte-Agnès. Chez elle, « la bouche parlait de l'abondance du cœur », et nous savons ce dont ce cœur était abondamment rempli.

Frappé du travail déjà accompli dans cette âme et mû par la grâce de Dieu, qui devait se servir de son ministère, le P. Dominique, rentré dans son couvent, ne put résister au désir de communiquer son appréciation à la Mère Supérieure.

La Mère Darles, fidèle à l'habitude contractée depuis longtemps de communiquer tout ce qui avait quelque importance au R. P. Jean, abbé de Fontfroide, lui envoya la lettre du Père Capucin.

Voici sa réponse. Dans sa brièveté, elle en dit plus long que tous les commentaires, et trace une ligne de conduite aussi lumineuse que surnaturelle :

« J'ai lu la lettre en question ; elle est remarquable. Vous pouvez la garder, mais je préférerais que la Mère Sainte-Agnès n'en eût pas connaissance, à moins que quelque communication lui ait fait comprendre qu'elle devait se mettre en rapport avec cette âme. Il faut éviter de la préoccuper de ce qu'il y a d'extraordinaire dans sa position. Elle-même, quand elle a obéi à ce qui lui est ordonné, doit immédiatement se remettre avec simplicité à son rôle de petite religieuse et de maîtresse des novices. Saint Joseph va et vient quand les ordres lui sont donnés, puis il retourne à son métier de charpentier, laissant à la divine Providence l'exécution de ses desseins, comme un instrument aveugle. Voilà le modèle.

« Je vous bénis.

« P. JEAN. »

La condition indiquée par le P. Jean pour autoriser la Mère Sainte-Agnès à se mettre en rapport avec le P. Dominique était remplie. Nous en avons la preuve dans la première lettre que la religieuse de Notre-Dame écrit au P. Provincial des Capucins :

Narbonne, 19 avril 1866.

« La sainte volonté de Dieu.

« Mon Révérend Père,

« Depuis plusieurs jours, je me sens pressée de vous écrire, mais j'ai cru devoir attendre, dans la crainte de suivre, en cela, ma propre inclination ; convaincue du contraire, je me décide à vous faire part de ce que le bon Dieu m'a manifesté.

« Il ne m'a pas été difficile de reconnaître, dans la consolation qui m'a été accordée de vous retrouver après tant d'années, un trait tout particulier de la divine Providence. Que les desseins de Dieu sur mon âme sont incompréhensibles, mon bon Père!...

« Dès le lendemain de votre départ, Notre-Seigneur se communiqua à moi d'une manière très intime, et après m'avoir rappelé le soin touchant qu'Il a pris de mon âme, me montrant dans tous les événements de ma vie cet amour de prédilec-

tion dont il m'a donné de si fortes preuves,
Il me dit ces paroles : « Ma fille, en t'unis-
« sant de nouveau à celui qui a guidé tes
« premiers pas dans la voie où je devais
« te conduire, j'accomplis la promesse
« que je t'ai faite de me servir de toi pour
« le salut et la sanctification d'un grand
« nombre d'âmes. » Je me rappelai, en
effet, que Notre-Seigneur m'avait souvent
fait cette promesse, mais je ne savais pas
par quel moyen je pourrais y travailler.
Mon bon Maître me fit comprendre alors
que je devais vous aider, par la prière,
dans les œuvres de zèle que vous entre-
prendrez pour sa gloire. Me rappelant ce
que vous m'aviez dit, je demandai à Notre-
Seigneur si ce que vous m'aviez commu-
niqué tournerait à sa gloire. Il me répondit : « Oui, ma fille, cette entreprise sera
« toute pour ma gloire; encourage cette
« âme apostolique à se dévouer à mes
« intérêts, dis à mon serviteur que je serai
« avec lui pour le protéger et l'aider à
« vaincre les difficultés. Les œuvres de ma
« gloire doivent être en butte aux contra-

« dictions des hommes, comme j'y ai
« été moi-même, mais je saurai les dé-
« fendre. »

« Ajouterai-je, mon Père, ce que Notre-
Seigneur me dit encore ? Oh ! oui, parce
que je veux être simple avec vous comme
avec Jésus, et puis je laisse à votre prudence de juger de tout, prête à me soumettre à vos lumières.

« Mon bon Maître, m'ouvrant alors
son divin Cœur, m'invita avec sa tendresse
ordinaire à y entrer, et là, m'ayant montré votre âme, Il me fit entendre ces paroles : « Ma fille, je t'unis à cette âme par
« les liens de mon amour. Tandis qu'elle
« se dévouera à mes intérêts, souviens-toi
« que c'est par ton moyen que je veux lui
« accorder de bien grandes grâces. » Depuis lors, je prie pour vous, mon Père, de
cette prière que Notre-Seigneur m'a ensei-
gnée et qui n'est point la mienne. Cela m'a
aussi fait connaître l'amour que Notre-
Seigneur avait pour vous et qui est un
amour de prédilection. Je l'en bénis,
mon Père, de toute l'effusion de mon

cœur et le conjure de satisfaire à la dette que les soins que vous m'avez donnés m'ont fait contracter envers vous. Jésus sait que je n'ai rien, il vous paiera pour moi la somme et tous les intérêts, je m'en repose sur lui.

« J'ai la confiance que plus que jamais vous me regarderez comme votre enfant et que vous m'aiderez à connaître la volonté de Dieu que je désire accomplir de tout mon cœur.

« Je vous prie surtout, mon Père, de ne ménager en rien mon amour-propre ; je vous ai parlé avec un filial abandon, afin que vous puissiez mieux m'éclairer. Dites-moi tout ce que vous voudrez ; tout ce qui me viendra de votre part fera du bien à mon âme. Vous ne vous douteriez pas de la bonne impression qu'a produite en moi une de vos paroles. Vous me fîtes remarquer que Dieu éclairait la boue de son soleil comme les plus grandes merveilles du monde. En me nourrissant de cette pensée, j'ai bien vu aussi que si la boue avait des sentiments, elle aimerait bien mieux les ténèbres que la lumière ; et voilà aussi ce qui me conviendrait. Je voudrais me dérober aux regards même de Dieu, tant je me vois méprisable.

« Quant à mon état présent, je ne sais si Jésus me tient ensevelie en lui, mais la plupart du temps je ne sais pas même si j'existe. Je suis devant Dieu dans un anéantissement complet, et quand je sens quelque opération en moi, c'est un dépouillement universel dont la nature frémit tandis que mon cœur se réjouit.

« J'abuse de votre bonté, mon Père, vous me le pardonnerez. j'en suis sûre.

« Je m'incline, mon Père, pour recevoir votre bénédiction.

« SŒUR SAINTE-AGNÈS,

*« Religieuse, fille de Notre-Dame. »*

Nous avons cité cette lettre en entier pour plusieurs motifs. Elle prouve à n'en pouvoir douter que cette correspondance entrait pleinement dans les desseins de Dieu. Elle indique aussi les rapports qui désormais vont unir ces deux belles âmes,

rapports d'aide mutuelle pour leur sanctification personnelle, rapports de zèle pour
les intérêts des âmes et de la gloire de
Dieu. Elle manifeste surtout de la part de
la Mère Sainte-Agnès l'abandon le plus
complet, la confiance la plus filiale, la
franchise la plus illimitée, l'obéissance la
plus aveugle, en un mot, les vues les plus
surnaturelles : marques certaines d'un esprit qui n'est pas celui de l'homme.

Malheureusement, nous ne possédons
que la moitié de cette correspondance.
Les lettres du P. Desjardin et du P. Dominique ont été anéanties. La Mère Sainte-
Agnès, après les avoir gardées assez longtemps, finit par les livrer au feu. « Je viens
de détruire les derniers vestiges du
passé, » répondit-elle, un jour, à la Mère
Procureuse qui s'étonnait du monceau de
papiers que la flamme achevait de con-
sumer. Et une expression de bonheur
indicible accompagnait ses paroles.

On nous affirme que les lettres des
directeurs ont dû être relativement peu
nombreuses : car d'un côté la réponse était

souvent donnée de vive voix; et de l'autre, l'humble religieuse se laissait aller à des plaintes occasionnées par un silence quelquefois trop persistant.

La Mère Sainte-Agnès était persuadée que ses lettres à elle avaient subi le même sort que celles de ses correspondants, et que ses guides, ayant disparu avant elle, avaient emporté tous ses secrets.

Après avoir entendu la vie de la vénérable Marie de Sales, elle disait à ses religieuses, avec son bon sourire : « Je suis bien tranquille, on n'aura rien à dire de moi après ma mort. » Elle ignora, fort heureusement, l'événement tout providentiel qui se produisit quelques mois avant sa mort. Au mois de juin 1901, un Père Capucin, étant venu célébrer la Messe, dans notre chapelle, fut si frappé, au moment de la Communion, de l'affaiblissement de la Révérende Mère Supérieure, qu'il pressentit une fin prochaine. Cette douloureuse impression le détermina à avouer à sa sœur, religieuse dans ce Monastère, qu'il était possesseur de nombreux cahiers, trouvés dans les archives du Couvent de Carcassonne et portant tous cette signature : Sœur Sainte-Agnès, religieuse, fille de Notre-Dame. — Il n'y avait pas moyen de s'y méprendre ; car, par une coïncidence digne de remarque, la Mère Sainte-Agnès avait été pour lui, vingt ans auparavant, l'organe dont le bon Maître s'était servi pour lui manifester sa volonté, et le mettre en rapport avec le P. Dominique, alors Provincial.

Qu'on juge de l'émotion éprouvée par ce religieux lorsque sa charge d'historiographe pour son ordre lui fournit l'occasion de faire la précieuse trouvaille dans les papiers secrets du R. P. Dominique ! Les quelques pages qu'il lit excitent en lui une admiration profonde, mais bientôt un sentiment de délicatesse l'arrête... il n'ose aller plus loin dans ce sanctuaire de l'intimité... et sa résolution est prise. Il gardera son secret, même avec celles qu'une telle révélation eût rendues si heureuses. Les manuscrits qu'il a soigneusement ficelés et cachetés le suivront dans ses diverses résidences jusqu'au moment de la livraison. Voilà comment nous avons le bonheur de posséder les 170 lettres de la Mère Sainte-Agnès au P. Dominique.

Si nous voulions juger cette correspondance au point de vue purement humain, nous n'hésiterions pas à affirmer que la clarté, la grâce, la délicatesse, l'à-propos en font une lecture du plus vif intérêt.

Mais ce qui ajoute à cet intérêt, c'est le spectacle que ce recueil nous met sous les yeux. Il manifeste au grand jour le travail tout intime et tout secret qui se produit dans l'âme humaine.

Ce qui achèvera de faire connaître la Mère Sainte-Agnès, c'est le jugement porté sur elle par les personnes qui purent l'approcher.

A Carcassonne, quand elle allait à la congrégation des Enfants de Marie, ses compagnes disaient en la voyant venir : « Voici la sainte qui arrive. »

Son air de modestie et de candeur l'avait

fait surnommer la petite Vierge. Mère
Saint-Bernard Darles, qui plus tard devait
être sa confidente et sa supérieure, a souvent rappelé que la tenue de Lucie Regraffe
à l'église cathédrale, et son recueillement
devant le Tabernacle, portaient à la piété,
ranimaient la ferveur.

Au monastère de Notre-Dame, il n'y a
qu'une voix pour proclamer sa vertu et sa
perfection. Ce qui le prouve mieux que
tout le reste, c'est la confiance et l'estime
de sa supérieure. Au moment de ses re-
traites pour la réélection, elle priait Mère
Sainte-Agnès de lui faire les méditations,
et de lui prêcher sa retraite. A la suite des
résolutions de Mère Sainte-Agnès, elle
avait ajouté : « Je m'appliquerai à pratiquer
la charité surtout vis-à-vis de notre Mère,
j'aimerai son âme comme la mienne...
Voilà, ma fille, ce que le bon Dieu demande
de vous pour vous faire renoncer, et pour
le bien de la Communauté. Pratiquez-la
constamment, généreusement, et votre
Mère vous en sera reconnaissante. »

Au dehors, le Père Jean, dans une lettre

à la supérieure qui le consultait sur la conduite à tenir, s'exprime en ces termes : « Pour nous qui suivons depuis longtemps cet état (celui de la Mère Sainte-Agnès), il y a toute apparence qu'il vient de l'Esprit de Dieu. »

Et dans une autre circonstance : « J'ai lu avec le plus grand intérêt les communications faites à la Mère Sainte-Agnès. J'y ai trouvé le cachet bien marqué, bien saillant de l'esprit de Dieu. L'impression que mon âme en a reçue a été une dilatation d'amour pour le divin Maître, et un grand désir de sanctification. Or, il n'y a que l'esprit de Dieu qui donne ces impressions...

« Cette âme, il faut la suivre dans toutes ses démarches; c'est un trésor extrêmement précieux qu'il faut surveiller de près. »

M. Graulle, vicaire général de Carcassonne et Supérieur de la Communauté de Notre-Dame de Narbonne, répondant à Monseigneur Dupanloup qui le consultait sur la Mère Sainte-Agnès, rendait le témoignage suivant : « Religieuse remarquable par sa régularité, son esprit d'obéissance, sa profonde humilité, et jamais on n'a saisi en elle la moindre trace d'exaltation. Je me fais un devoir d'attester que tout en elle nous est un sujet d'édification (1). »

Voilà ce qu'a été la Mère Sainte-Agnès.

Si nous voulons connaître ses sentiments personnels, nous n'avons qu'à prendre au hasard, car ils sont innombrables, les aveux de ce genre :

« Une des épreuves la plus pénible pour moi a été celle qui semblait ébranler ma confiance dans l'amour du bon Maître. La crainte d'être le jouet du démon me faisait résister aux attraits de la grâce et aux poursuites du Seigneur. Je me trouvais alors comme une personne exposée sur les flots d'une mer orageuse dans un frêle esquif et dont la perte paraît certaine. Toutefois, au milieu de cette furieuse tempête, la partie supérieure de mon âme me paraissait dans un calme imperturbable et tandis que tout sombrait autour de moi,

_____

(1) Lettre écrite à Monseigneur Dupanloup.

j'abandonnais toutes choses pour me perdre en Dieu. »

Sa conduite est en parfaite harmonie avec ces sentiments. Loin de vouloir se conduire par elle-même, « elle souffre de l'isolement où elle se trouve. » Elle s'empresse d'obéir à son divin Maître qui lui inspire la pensée de déclarer tout ce qui se passe en elle, quoi qu'il puisse lui en coûter :

« Je le fis, dit-elle, et, chose extraordinaire, à mesure que je parlais, je sentais la paix se répandre en mon âme. Une douce paix qui surpassait tout sentiment, comme dit l'Apôtre, régnait dans mon âme. »

Elle ne fait jamais une démarche sans avoir au préalable demandé et obtenu l'autorisation de ses supérieurs, et elle pourra écrire à Monseigneur Mercurelli, au sujet de Monseigneur Dupanloup : « Je dois dire à Votre Grandeur que je n'ai jamais rien envoyé à ce prélat sans l'avoir soumis à mes supérieurs. »

A l'extérieur rien ne pouvait faire sup-

poser ce qui se passait dans le plus intime
de son âme, et toujours elle eut à cœur de
le cacher. « Plus que jamais j'aime la vie
simple, cachée et inconnue, et je répète
souvent : J'ai choisi et je préfère de vivre
abjecte et humiliée dans votre sainte maison, ô mon Dieu. »

De la sorte, elle mettait en pratique les
conseils de son divin Maître : « Ma fille,
je veux t'enseigner un moyen de reconnaître les opérations de ma grâce, et celles
de l'esprit d'erreur. Lorsque je t'ai dit
d'être fidèle à la règle, de te tenir cachée
sous les dehors d'une vie commune et
ordinaire, une douce paix a régné dans ton
âme, et cette paix était l'indice que mon
divin Esprit agissait en toi. Mais lorsque
l'inspiration viendra te porter à la singula-
rité, tu sentiras le trouble dans ton âme
parce qu'il est le fruit de l'erreur. La *vie
commune sera* pour toi *comme un voile
qui te dérobera aux yeux des créatures* et
te tiendra dans l'humilité. »

Nous croyons pouvoir tout résumer dans
ce jugement que contiennent les archives

du couvent de Narbonne : « Sœur Sainte-Agnès était grave, réservée, polie dans ses manières et d'une modestie rare. Les exercices de la vie intérieure et cachée faisaient ses délices, ils avaient pour elle les plus doux attraits ; mais cela n'empêchait pas notre chère sœur de se livrer avec zèle à l'étude des sciences que doit avoir une religieuse de Notre-Dame. »

# CHAPITRE III



Un fait est certain — et ce que nous
avons déjà dit le prouve — nous constatons chez la Mère Sainte-Agnès des phénomènes singuliers. Elle n'est, nous le reconnaissons, qu'un instrument bien faible,
bien humble et bien ignoré. Suivant l'expression de la voix qui lui parle, « elle
doit être comme une petite mèche dont on
se sert pour allumer un flambeau, et que
l'on éteint ensuite. »

Mais, d'après ses écrits, elle reçoit des confidences, elle découvre des vérités bien supérieures à celles que pourraient atteindre ses facultés naturelles.

Or, parmi toutes les communications que reçoit la Mère Sainte-Agnès, il en est une qui nous paraît être le but et le centre de toutes les autres. Et encore ne lui est-elle manifestée que par degrés! Grâce à son journal, nous pouvons en suivre le progrès. Nous nous bornerons à citer en le résumant ce qu'elle commence à écrire, à la date du 28 septembre 1864.

« Aujourd'hui le Maître a agi en moi d'une manière pleine de miséricorde, après m'avoir laissée dans la plus grande impuissance et la plus grande confusion par la vue qu'Il me donnait de mes misères. A peine ai-je eu fait l'acte d'adoration en me préparant à l'oraison que je me suis sentie attirée dans l'intérieur de mon âme. Il m'a entretenue de ses desseins, me disant que je devais me dévouer au bien de toutes celles avec lesquelles il me mettrait en rapport.

« Il m'a fait entendre que pour accomplir cette œuvre en moi, Il voulait un acte d'abandon encore plus parfait de ma volonté. « Tes paroles ne seront point tes « paroles, mais je parlerai moi-même par « ta bouche, et te communiquerai de mon « esprit en t'accablant de confusion de- « vant moi. »

« Cependant la vue de ma misère et de mon indignité m'inspirait une vive crainte et j'aurais voulu me soustraire aux re- cherches de mon Bien-Aimé. Il me parlait et je ne voulais pas l'entendre. Je voulais demeurer dans ma misère. « Maître, lui « dis-je alors, que puis-je faire, moi si pe- « tite créature et si ignorante? — Tu ne « parleras pas de toi-même — reprit Jésus « — mais tu donneras ce que je te donnerai. « — Mais n'avez-vous pas d'autres âmes « bien plus fidèles et par là même bien plus « dignes de foi? Comment pourra-t-on « croire à mes paroles? — Ceux qui me « connaissent, ma fille, et que je nomme « mes serviteurs fidèles, n'ignorent pas « que je me plais à me servir des instru-

« ments les plus vils et les plus faibles en
« apparence pour accomplir mes œuvres.
« Ne crains rien, c'est moi qui t'ai choisie.
« Ne me suis-je pas servi de Magdeleine
« pour relever le courage abattu de mes
« apôtres? »

« Je ne puis dire quel était mon accablement après ces paroles.

« Après ces jours, une vive crainte s'em-
para de mon esprit; ce qui m'avait été dit
m'était sans cesse présent et je ne voulais
pas y penser; mais plus je faisais d'efforts pour m'en distraire, plus je me trouvais absorbée. Me trouvant un jour en
oraison, Notre-Seigneur me fit de nouvelles instances, me reprocha mon incré-
dulité, mon peu de soumission à sa volonté. Il savait bien pourtant que je ne
pouvais lui résister, que ma volonté n'est
plus à ma disposition, et que je ne puis
vouloir que ce qu'Il veut. Mais la vue de
toutes mes misères me forçait à lui dire :
« Bon Maître, je veux bien croire que
« vous m'aimez, mais laissez-moi dans ma
« bassesse. Je ne méprise pas vos dons. O

« Jésus, je sais aussi que vous les accor-
« dez à qui il vous plaît, mais croire que
« vous voulez vous servir de moi pour les
« intérêts de votre gloire, oh ! mon Jésus,
« je ne peux le penser. Ce n'est pas que
« je veuille rien vous refuser, mais qu'y
« a-t-il en moi, qui puisse vous plaire?
« Vous savez que toute mon ambition est
« de vous servir dans l'oubli et le mépris
« de toutes les créatures. »

« — Ne crains rien, ma fille, c'est moi qui
« t'envoie, l'on reconnaîtra ma vérité dans
« tes paroles. » Je ne sus répondre que par
mes larmes, ma confusion était si grande.
Alors Jésus reprit : « Ma fille, je fais vio-
« lence à ton cœur, tu souffres, mais c'est
« pour mon amour et ma gloire ; ne veux-
« tu pas souffrir avec moi? »

Le moment approchait où Notre-Seigneur devait confirmer ses paroles par des
preuves indiscutables.

« Le miracle, dit saint Thomas, Dieu
l'opère pour l'utilité des hommes — soit
en confirmation d'une vérité — soit pour
montrer la sainteté d'un de ses serviteurs,

qu'Il veut nous proposer comme modèle
de vertu. » Ce double motif se trouve dans
le prodige dont nous allons parler. Au
témoignage de Notre-Seigneur, que nous
produirons tout à l'heure, il avait pour
but, et la preuve de l'esprit surnaturel qui
animait la Mère Sainte-Agnès, et la béatification de la Fondatrice de Notre-
Dame, au nom de qui il devait être demandé.

Voici dans quelle circonstance le miracle eut lieu :

La supérieure du couvent de Notre-
Dame, mise comme toujours au courant
des communications de la Mère Sainte-
Agnès, lui dit un jour froidement : « Tout
cela est bien, mais pour être sûre que vous
n'êtes pas le jouet d'une illusion, demandez à Notre-Seigneur une preuve que ce
qui se passe en vous est son œuvre. »

La docile religieuse s'exécuta tout simplement. « Ma fille, lui dit Notre-Seigneur,
ne te souviens-tu pas qu'en récompense
de la soumission de ta volonté à la mienne,
je t'ai remis en quelque sorte ma volonté?

Ne t'ai-je pas promis de t'accorder tout ce que tu me demanderais qui contribuerait à ma gloire : Je veux te prouver mon amour, et le manifester à ceux qui te conduisent. »

« En même temps le divin Maître présentait à mon esprit une faveur qu'il semblait vouloir m'accorder : c'était la guérison d'une sœur malade depuis plus de quatre ans. Remplie alors de cette confiance que les paroles de mon bien-aimé Jésus m'avaient inspirée : « Bon Maître, lui dis-je, « s'il vous plaît de glorifier votre pauvre « servante et de faire connaître votre œuvre « en elle, donnez-moi ce témoignage de « votre amour. Je sens que si vous me « l'accordez, je ne saurai plus rien vous « refuser. — Demande la guérison de « Sœur Saint-Xavier, par l'intercession de « la Vénérable Mère Fondatrice. Ta supé- « rieure trouvera dans ce miracle la meil- « leure preuve de l'œuvre que j'accomplis « en toi. »

« La neuvaine pour notre sœur malade commença et la veille de la clôture, je me

sentais si persuadée que Jésus exaucerait
nos vœux qu'il me paraissait impossible
qu'il en fût autrement. »

« A l'oraison du soir, après m'avoir entretenue de ce qu'Il voulait de moi, Notre-
Seigneur, s'interrompant tout à coup, me
dit : « Ma fille, n'as-tu rien à demander
à mon cœur? » Je Lui rappelai alors ce
qu'Il m'avait promis, et Il me répondit :
« Espère tout de mon amour! »

« Le lendemain, après m'avoir fait des-
cendre dans le profond abîme de ma misère, Il me renouvela ses promesses et Il
ajouta : « J'augmente ta confiance pour
affermir ta foi en mes promesses. »

« Au commencement de la Messe,
lorsque notre chère malade fit la sainte
Communion, il se passa en moi quelque
chose que je ne puis définir, et les mêmes
paroles me furent répétées, mais avec plus
de force. Pendant la Messe, je me sentais
fortement pressée d'adresser à Dieu cette
prière : « Mon Dieu, s'il vous plaît de
glorifier votre Fils en cette indigne créature, afin qu'Il vous glorifie Lui-même,

exaucez ma prière! » — Notre-Seigneur
me demanda : « Que me donneras-tu,
« si je te l'accorde? — O bon Jésus, votre
« servante ne doutera plus alors de votre
« amour; elle croira tout... elle s'aban-
« donnera à tous vos desseins... Dût-elle
« passer pour folle, votre amour triom-
« phera de son amour-propre... trop heu-
« reuse, ô Jésus, si par sa confusion, elle
« peut vous procurer un peu de gloire. »
— L'abandon que je fis de moi-même, en
ce moment, fut sans nulle réserve.

« Quand j'appris que Jésus avait réelle-
ment fait éclater sa puissance, il me sem-
bla qu'un trait me perçait le cœur... et
quand je m'en fus assurée : « Oh! oui,
« mon Jésus, m'écriai-je, votre amour a
« vaincu... et je suis toute à Vous! »

« Lorsque notre bonne sœur parait à
mes yeux, il me semble entendre le bon
Maître me dire : « Voilà la preuve évi-
« dente de mon amour pour toi... qu'elle
« soit aussi celle de ton amour pour Moi...
« Souviens-toi de tes promesses. »

« Cependant, pendant plusieurs jours,

j'ai fait des efforts pour rejeter ces pensées ; je ne pouvais me résoudre à croire ce que Jésus me disait. Il me semblait que je devais chasser le souvenir de ce qui venait de se passer, pour m'entretenir dans l'humilité. Le Bon Maitre me dit alors :
— « Ma fille, l'humilité ne consiste point « à méconnaître mes dons. Si, par un effet « de ma miséricorde, j'ai voulu te choisir, « tu dois reconnaitre en cela l'effet de mon « amour, sans aucun mérite de ta part; « sois fidèle à m'en rendre la gloire. »

La déposition de Mère Saint-Xavier confirme pleinement le rôle qu'a joué Mère Sainte-Agnès.

« Ce fut le 6 avril 1858 que j'eus le bonheur de revêtir le saint habit de la Religion. Le Seigneur, qui m'avait envoyé, auparavant, de bien douloureuses épreuves, m'avait épargné celle de la maladie : j'avais joui, jusque-là, d'une excellente santé et tous les membres de ma famille bénéficiaient de ce même avantage. Mais une fluxion de poitrine, survenue pendant mon Noviciat, des répétitions de chant peut-être trop fréquentes, surtout une grande frayeur dont je ne tins pas assez compte : telles furent les causes d'une altération très sensible dans mon tempérament. La Révérende Mère de Saint-Aubin, ma supérieure, hésitait à m'admettre à la Profession ; le docteur la rassura, en disant que la situation n'offrait encore rien de grave et que je pouvais — vu mon jeune âge — triompher de cette faiblesse. J'avais tant supplié le bon Maître de me garder dans sa Maison, que je me vis alors au comble de mes vœux. Le 14 juin 1860 fut le jour de ma complète immolation; et presque aussitôt, le 27, je me voyais livrée aux infirmières, comprenant par là que mon acte d'abandon absolu au Bon Vouloir divin venait d'avoir sa pleine ratification.

« Du 17 juin 1860 au 23 février 1865, mon pauvre corps est devenu le siège de toutes sortes de maux : rhumatismes, douleurs d'estomac excessivement aiguës, névrose, péricardite, maladie de foie et enfin la tuberculose. Je ne pouvais plus trouver aucun repos ni la nuit ni le jour. Le 27 décembre 1862, on m'administra les derniers sacrements, après une crise qui avait semblé marquer ma fin. Revenue à la vie, j'eus à reprendre ma croix : les visites quotidiennes du docteur n'amenaient aucune amélioration. En vrai chrétien qu'il était, il m'exhortait à la patience, ajoutant que si on ne pouvait pas me guérir, on pourrait me procurer un peu de soulagement. J'avais dit mon *Fiat*, et je n'attendais plus que la délivrance.

« Sur ces entrefaites, en janvier 1865, la lecture de la vie de saint Benoît provoqua dans la Communauté un tel enthousiasme que je fus pressée de demander ma guérison à ce grand Thaumaturge. Je résistai à toutes ces sollicitations, disant : « Que ce n'était pas au moment de re- « cueillir la couronne, qu'on pouvait être « tenté de regarder en arrière. »

« Mère Sainte-Agnès vint à son tour; ses instances eurent un heureux résultat. La cause mise en avant était bien de nature à me faire vaincre toutes mes répugnances :

— « Pour la gloire de Dieu et pour le
« triomphe de notre Vénérable Mère Fon-
« datrice, me dit-elle, il faut absolument
« que vous consentiez à guérir. » J'adhé-
rai aussitôt à sa proposition, après m'être
concertée avec elle, et après avoir obtenu
du docteur l'assurance que ma guérison
constituerait un vrai miracle.

« La Mère Supérieure réunit la Communauté pour inculquer dans le cœur de chacune de ses filles la grande confiance qui
l'animait, et elle termina son discours, en
disant : « Il faut ce miracle ! Je laisse la
« liberté de faire tout ce qu'on pourra pour
« l'obtenir. » Ce langage si fermement convaincu fit dire à une des infirmières :
« C'est sûr qu'elle l'aura. »

« On rivalisa de ferveur pendant la
neuvaine ; tous les jours, il y avait sept
religieuses désignées pour faire la Sainte
Communion, et se livrer aux pratiques
de la plus austère pénitence. Mon état
empirait sensiblement ; je ne pouvais plus
faire entendre le moindre son, mais le
sens de l'ouïe n'avait subi aucune atteinte

et j'avais la perception très nette de tout
ce qui se passait autour de moi. Mère
Sainte-Agnès, qui venait me voir souvent,
réconfortait mon âme par de bonnes et
douces paroles : — « Le bon Dieu fait
« son œuvre, ajoutait-elle, confiance et cou-
« rage ! »

« La Révérende Mère Saint-Bernard
voyait dans l'aggravation de mon mal un
nouveau et puissant motif d'espoir. La
veille du grand jour, elle vint à sept heures
et demie donner ses ordres aux deux sœurs
qui devaient me veiller. Son intention étant
de me faire porter au chœur, le lendemain
matin, pour assister à la messe et communier à jeun, on devait m'administrer cinq
centigrammes d'opium vers les dix heures
et tâcher de me faire avaler un peu de lait
avant minuit. Il n'y avait qu'à s'incliner
devant une volonté si formelle. Le matin,
il ne me restait plus qu'un souffle de vie;
l'infirmière, étant allée avertir en toute
hâte la Révérende Mère, n'en obtint aucune réponse, et la vit se rendre à la Méditation dans une attitude tout à fait

calme. Plusieurs religieuses étaient venues me voir, avant le lever des enfants ;
l'une d'elles a même avoué que, ne pou-
vant croire à une résurrection, elle avait
déjà récité le *De Profundis*.

« A six heures, Mère Saint-Bernard vint
présider au lever. Elle commença par
m'asperger d'eau bénite pour réveiller en
moi le sentiment, puis récita les litanies
de la Vénérable Mère. Le travail qui a
suivi, aussi bien que la descente au
chœur, ne m'a laissé aucune trace de souvenir. Les sœurs qui m'ont rendu leurs
bons offices, à ce moment-là, n'ont pu oublier qu'il m'avait été impossible de sortir
la langue, et que — chemin faisant —
l'une d'elles avait dit : « N'allez pas
plus loin, elle est morte. » — Ce qui avait
provoqué cette belle réponse : « Tant
« mieux, le miracle n'en sera que plus
« éclatant. »

« On me donna la sainte Communion
avant la Messe, et le prodige s'opérait au
même instant. Je n'eus aucune difficulté
pour avaler la sainte Hostie et je restai

jusqu'à la fin du saint Sacrifice, tout abi-
mée dans la contemplation de l'œuvre qui
venait de s'accomplir en moi. A l'Élévation, je me mis à genoux sans le secours
de personne, et lorsque la Révérende Mère
fit la sainte Communion, j'éprouvai un
saisissement indéfinissable. Prenant alors
la relique de la Vénérable Mère, je la pres-
sai sur mon cœur et je restai hors de moi,
respirant à peine, tant était grand le
bonheur qui me pénétrait.

« La messe étant finie, ma voisine me dit
tout bas : « Vous êtes guérie. Venez avec la
« Communauté au réfectoire. » — Je la suivis sans vouloir même lui donner le bras ;
mais sentant un peu de raideur dans les
genoux, je ne voulus pas aller plus loin ;
il me fallait le miracle complet. — « Ma
« Vénérable Mère, ne faites pas les choses
« à demi ! » Je passai, en même temps, la
sainte relique sur mes jambes et l'effet fut
immédiat : on eût dit que de solides liens
venaient de s'en détacher. Je me mis à
courir comme une enfant de dix ans et ren-
trai ensuite au chœur où l'on venait de

commencer les Petites-Heures. Je psalmodiai comme tout le monde, suivant les divers mouvements ; et lorsque l'action de grâces fut terminée, je suivis notre bonne Révérende Mère dont l'émotion était au comble. On m'accompagna à sa cellule, où je reçus les embrassements de toutes mes sœurs et où j'eus à répondre à un long interrogatoire.

Ce jour-là était marqué pour la sortie de nos élèves. Mère Sainte-Agnès, qui était chargée de la surveillance, pendant la Messe, n'avait pu rien voir par là même : mais le bon Maître lui avait tout révélé. Elle monta vite chez la Révérende Mère. Il y eut un élan réciproque, suivi d'un long silence ; puis, ces paroles qu'il me semble encore entendre résonner à mon oreille : « Au moment de la Communion, « votre âme est entrée dans la mienne. »

« L'infirmerie où j'avais été retenue si longtemps fut convertie en oratoire, et la neuvaine d'actions de grâces commença aussitôt par le chant du *Te Deum,* du *Magnificat.* C'est moi qui aidai à dresser l'autel, qui disposai et qui entonnai les divers cantiques qui se firent entendre une partie de la journée. »

Après un examen canonique, auquel prirent part, comme président, M. Graulle, vicaire général de Carcassonne ; comme témoins le P. Jean, abbé de Fontfroide, M. Cambournac, M. l'aumônier du couvent et les docteurs de Martin, Peyrusse, Janot, le miracle fut reconnu et déclaré authentique. Plus tard, à Rome, ce miracle fut la cause déterminante de la béatification de Jeanne de Lestonnac.

MONSEIGNEUR DUPANLOUP

# CHAPITRE IV



### AVANT LE CONCILE

Jusqu'ici tout s'est borné de la part de Notre-Seigneur à faire connaître à la Mère Sainte-Agnès qu'une mission lui sera confiée. Une déclaration plus explicite lui est enfin donnée. « Le vendredi qui suivit cet événement (la guérison miraculeuse de sœur Saint-Xavier), je voulus, comme à l'ordinaire, offrir mon cœur à Jésus pour compatir à ses douleurs, mais mon divin Maître me répondit : « Ma fille, tu m'as « offert ton cœur, et depuis longtemps déjà, « je viens y chercher le repos, la consola-

« tion que tant d'autres me refusent, aussi
« t'ai-je choisie pour donner la consola-
« tion à des cœurs qui m'appartiennent. »

« Ces paroles me jetèrent dans un étonnement extraordinaire. Je ne pouvais
pourtant douter que ce ne fût Jésus que je
venais d'entendre, mais je cherchais à me
distraire. Heureusement, des devoirs pres-
crits par l'obéissance vinrent m'aider ;
mais à peine rentrée en moi-même, je me
sentais intérieurement pressée. Alors,
commença pour moi un martyre intérieur
difficile à dépeindre.

« Dans un de ces moments de souffrance
inexplicable, je dis à Notre-Seigneur :
« Mon bon Maître, vous connaissez la
« sincérité de mon cœur ; vous savez que
« toute mon ambition est de vous aimer et
« de vous servir dans l'oubli de toutes les
« créatures... Ce désir, c'est vous-même
« qui me le donnez. Me laisserez-vous de-
« venir le jouet de l'ennemi de mon âme ou
« celui d'une imagination extravagante ? »

« Après avoir calmé ces agitations, ce
Bien-Aimé de mon âme me dit : « Ma fille,

« ce qui se passe en toi est le triomphe de
« mon amour. » Il me donna en même
temps l'intelligence de ces paroles : l'amour
règne dans la souffrance, il triomphe dans
l'humilité, il jouit dans l'unité. « Ne crains
« rien, me dit-Il, tout ce qui se passe en toi
« est mon œuvre, et ceux qui te connais-
« sent se rendront à l'évidence des faits.
« — Que voulez-vous donc, Seigneur?
« — Que tu parles, que tu manifestes ce
« que je t'apprendrai à celui à qui j'ai
« uni ton âme par les liens de mon
« amour, » me désignant Monseigneur
d'Orléans.

« Revenant un peu de mon étonnement
et me rappelant mon ignorance, je lui dis :
« Mais, mon bon Maître, ne savez-vous
« pas ce que je suis? Que vous vous serviez
« de cette grande intelligence, que vous
« éclairiez de vos lumières cette âme, qui se
« dévoue aux intérêts de votre gloire, je
« n'en suis point surprise!... Mais, de cette
« pauvre créature, que pouvez-vous atten-
« dre ? — Tandis que mon serviteur doit
« rester au milieu du monde et combattre

« pour mes intérêts, je me servirai de toi,
« que j'ai conduite dans la solitude. Je
« t'enseignerai le sens de bien des choses
« que tu ne comprendras pas, mais dont je
« lui donnerai l'intelligence; tu parleras
« avec la plus grande simplicité; ne crains
« rien, je serai avec toi. »

« Après cela, Notre-Seigneur me rappela
un point de nos saintes règles qui nous dit
que, comme épouses de Jésus et filles de
Notre-Dame, nous devons être bien aises
de passer pour insensées, sans en avoir
donné aucune occasion; et, comme j'hésitais encore, Il me rappela l'obligation
que m'imposait le vœu que je lui ai fait de
tendre au plus parfait.

« Dès lors, je me sentis toute résolue à
accomplir ses volontés. « Oui, bon Maître,
« quand je devrais passer pour folle aux
« yeux du monde entier, que m'importe?
« Pourvu que vous vous contentiez et que
« je vous aime, cela me suffit. Ah! si vous
« me donniez le choix, avec quelle ardeur
« n'embrasserais-je pas les injures, les
« ignominies, les opprobres, de préférence

« à tout ce qui peut m'attirer l'estime des
« hommes !...

« Notre-Seigneur me dit : « Comme tu
« dois servir à l'œuvre de ma gloire, il
« faut qu'on reconnaisse mon œuvre en toi,
« mais je te tiendrai cachée et anéantie, et
« tout ce que je ferai en toi ne servira qu'à
« ta confusion. »

« Après avoir fait part de toutes ces communications et de la mission que Jésus
m'avait donnée d'écrire à Monseigneur
Dupanloup, je me trouvai toute changée.
Notre-Seigneur me communiqua un esprit
de simplicité dont j'avais été bien éloignée
jusqu'à ce jour. Depuis lors, je me sens
disposée à tout ce que mon divin Maître
voudra de moi. »

Et parce que, en pareille matière, la
simplicité et l'abandon ne suffisent point,
la Mère Sainte-Agnès y ajoutera cette vertu
essentielle, plus indispensable ici que partout ailleurs, l'humilité, et quelle humilité !

Pour traduire ses impressions, elle
trouve de tels accents, qu'on les croirait

empruntés aux plus saintes amantes du
Sauveur. N'en soyons pas surpris ; cette
sublimité de pensées, cette profondeur et
cette chaleur de sentiments, cette hardiesse
d'expressions, l'humble religieuse de Notre-
Dame les puisait dans cette source qui
seule peut les produire : l'amour divin.
Qu'on en juge par les lignes suivantes :
« Je suis persuadée que les plus vils ins-
truments, entre ses mains toutes-puis-
santes, sont ceux qui servent le plus à sa
gloire. La profondeur de ma bassesse me
porte souvent à m'écrier : « Seigneur, si la
« grandeur de l'œuvre que vous voulez
« accomplir en moi répond à la grandeur
« de mes misères, qu'elle vous sera glo-
« rieuse, ô mon Dieu ! Comme je serai
« heureuse de répéter toujours : à vous
« seul, Seigneur, toute gloire et toute
« louange, à moi la honte et la confusion. »

Sur l'ordre de Notre-Seigneur la Mère
Sainte-Agnès devait donc écrire à Monseigneur Dupanloup. On comprendra, et au
besoin on justifiera les hésitations de
l'humble religieuse pour peu qu'on se rap-

pelle le rôle joué par celui dont elle devait devenir la correspondante.

Pie IX chassé de Rome s'était retiré à Gaëte, en attendant que la deuxième République française se donnât la gloire de renouveler, en plein dix-neuvième siècle, ce que Charles Martel, Pépin et Charlemagne avaient fait au neuvième, quand ils avaient arrêté les Lombards. Les articles de l'abbé Dupanloup, qui devaient plus tard former son livre de la *Souveraineté Pontificale*, étaient lus au Saint-Père qui, en adressant à l'auteur de chaudes félicitations, l'exhortait à mettre de plus en plus son talent et son zèle au service de l'Eglise et du siège apostolique.

Quelques années après, avec l'Empire, la question pontificale entrait dans une crise aiguë. La guerre d'Italie, l'invasion d'une partie des États pontificaux, les connivences plus ou moins avouées du cabinet des Tuileries avec les vues ambitieuses du cabinet de Turin, tout ce drame enfin qui devait aboutir à la ruine du pouvoir temporel, mirent plus que jamais en relief les qualités de polémiste dont la Providence avait doué Monseigneur Dupanloup.

Le 20 septembre 1859, en réponse à la trop fameuse brochure, *le Pape et le Congrès*, expression machiavélique des projets contre le Saint-Siège avec la complicité lamentable du gouvernement français, l'évêque d'Orléans publiait une protestation indignée dont la communicative éloquence s'appuyait aux leçons les plus solides de l'histoire, aux raisons les plus pressantes tirées des intérêts de la politique et des considérations les plus élevées de l'honneur national, et il terminait par ces nobles paroles : « Je proteste dans ma conscience et devant Dieu, à la face de mon pays, à la face de l'Eglise et à la face du monde; que ma protestation trouve ou non de l'écho, je remplis un devoir! »

Elle trouva un écho dans le monde entier. Les évêques de France y adhérèrent en foule par des lettres patriotiques, ou élevèrent la voix pour protester à leur tour.

Enfin l'admirable stratégie pour la défense de la religion fut conduite par Monseigneur Dupanloup dans son livre de la *Souveraineté Pontificale*. « Ce volume, nous dit son historien, est tout à la fois un ouvrage de circonstance et un livre d'un intérêt permanent; il discute les événements contemporains et leur imprime la flétrissure que leur réserve l'histoire, il discute surtout les doctrines, les principes engagés dans la question, et voilà pourquoi c'est un travail approfondi qui pourra, s'il plaît à Dieu, demeurer et parler toujours. »

De ce grand labeur, il reçut bientôt la plus douce récompense qu'il pût souhaiter. Pie IX, rendant à l'épiscopat tout entier un hommage mérité, écrivit à l'évêque d'Orléans : « Rien ne pouvait être plus doux à notre cœur que de voir nos honorables frères, les évêques, se tenir, au fort de la tempête, debout, comme un mur d'airain, pour protéger la maison d'Israël. Cette consolation, vos travaux et vos luttes nous l'ont apportée, vénérable frère, alors qu'après avoir été un si intrépide défenseur de l'autorité et des droits

du Saint-Siège et de la discipline de
l'Eglise, vous avez publié, sur notre pouvoir temporel et sur la souveraineté pontificale, un livre plein de vérité et de lumière,
de sorte que, parmi tous ceux qui en ce
même temps se sont dévoués à cette labo-
rieuse tâche, nul ne paraît devoir vous être
comparé. »

Venant du chef suprême de l'Eglise catholique, cet éloge si bien mérité nous dispense de rien ajouter.

Mais comme tout homme, Monseigneur
Dupanloup pouvait se tromper : comme
beaucoup, et ceci est de notoriété publique, il se trompa. Qui donc pourrait regarder comme une flétrissure pour lui
d'avoir été de la part de Dieu l'objet d'une
semblable faveur? Nous disons de la
part de Dieu ; nous sommes persuadé,
en effet, qu'après avoir parcouru attentivement la correspondance de Mère Sainte-
Agnès avec l'évêque d'Orléans, nos lecteurs n'hésiteront pas à accepter le jugement du P. Jean. Écrivant à Marie Jenna
et précisément au sujet de Monseigneur

Dupanloup, il disait : « J'ai eu sous les
yeux une lettre nouvelle à Monseigneur
d'Orléans. Tout y porte les caractères du
divin, comme je ne les ai jamais mieux
rencontrés nulle part; et cette lettre lui
était adressée par une personne simple,
étrangère à tout ce qui préoccupe aujour-
d'hui les âmes. Je la connais très intimement; je suis sûr de sa sainteté, autant
qu'on peut l'être ici-bas » (1).

(1) Dans la lettre où il apprécie en ces termes la
correspondance de la Mère Sainte-Agnès, le P. Jean
ajoute : « Un ou deux jours après que j'avais lu cette
lettre, un de mes religieux, tout absorbé dans la pratique de ses devoirs, d'ailleurs totalement étranger
aux événements du dehors, vint m'exposer ce qui
s'était passé dans son âme. Il éprouvait souvent dans
ses méditations sur la Passion du Sauveur des mouvements extraordinaires. Or, voici l'impression qu'il
avait reçue, et qu'il venait me communiquer : « Dé-
« sormais, je veux que tu t'occupes des tristesses de
« mon cœur, et je désire que tu t'offres en victime
« pour l'Evêque d'Orléans.
« — Mon divin Maître, je ne m'appartiens pas; je vais
« le dire à mon Révérend Père et je ferai ce qu'il me
« dira. »
« Il fut évident pour moi que cela venait de Dieu.
Je lui dis d'accepter; il le fit simplement. Le surlen-

Cette déclaration de l'illustre Abbé de Fontfroide nous fournit la réponse à une question qui ne manque pas de se faire jour. Comment expliquer l'origine de cette correspondance? Rien dans le passé, dans les études, dans les travaux, rien surtout dans le caractère et la conduite de Mère Sainte-Agnès ne peut faire comprendre une pareille démarche; il n'y a qu'une explication possible, tout y porte les caractères du divin, comme il sera facile de s'en convaincre.

Fidèle aux ordres de son divin Maître, la Mère Sainte-Agnès écrivit donc à Monseigneur Dupanloup, fin mars 1865.

Malheureusement nous ne possédons pas le texte de cette première communication.

La Mère Saint-Bernard, alors supérieure de la Communauté, avait jugé opportun et

demain une tempête furieuse assaillit cette âme, au point que le pauvre religieux ne pouvait plus tenir en place. Je fis mon possible pour le calmer et enfin les souffrances devinrent tolérables. »

(Lettre du P. Jean à Marie Jenna).

convenable d'y joindre elle-même une lettre. La première impression fut des plus heureuses. On en jugera par la réponse de Monseigneur Dupanloup à la Révérende Mère Supérieure.

EVÊCHÉ D'ORLÉANS.

« Orléans, 7 avril 1865.

« Madame la Supérieure,

« J'ai reçu les deux lettres que vous avez bien voulu m'adresser, la vôtre et celle de la bonne religieuse qui prie si ardemment pour moi.

« Elle me paraît, en effet, une âme bien dévouée à Notre-Seigneur et à la sainte Eglise, dont elle ressent si vivement les épreuves ; et de quelque façon que Notre-Seigneur lui mette au cœur l'inspiration de prier pour moi, je ne saurais que lui être fort reconnaissant de ses bonnes prières, et lui demander de me les continuer.

« Je combattrai, j'espère, jusqu'au bout les combats de l'Eglise, mais pour la vic-

6

toire dans ces combats, les âmes qui prient font plus que ceux qui écrivent; et j'ai grand besoin qu'on prie pour moi.

« Je me recommande donc bien instamment aux prières de cette bonne religieuse, aux vôtres et à celles de toute votre Communauté.

« Agréez, Madame la Supérieure, tous mes bien respectueux et dévoués hommages en Notre-Seigneur.

« ✝ F., *Evêque d'Orléans.* »

Et à la Mère Sainte-Agnès quelques jours plus tard.

Evêché d'Orléans.

« 22 avril 1865.

« Ma bonne Sœur,

« J'ai été très touché de votre bonne lettre et je viens me recommander de nouveau particulièrement à vos bonnes prières.

« Dites-moi, en particulier, si vous le pouvez, ce que vous savez des peines et des défaillances de mon âme, c'est ce qui m'a le plus touché dans ce que vous m'avez écrit.

« Je vous bénis bien paternellement en Notre-Seigneur.

« † F., *Evêque d'Orléans.* »

Encouragée par ce bon accueil, Mère Sainte-Agnès envoyait une seconde lettre le 28 avril 1865.

« Monseigneur,

« Depuis plusieurs jours, j'attendais la lettre que Votre Grandeur a bien voulu m'adresser. Notre-Seigneur lui-même me l'avait annoncée et m'avait aussi avertie de la demande que vous deviez me faire, m'assurant qu'Il vous pressait de m'écrire et qu'Il voulait de moi que je vous ouvrisse toute mon âme et que je vous fisse part de tous les desseins qu'Il m'a manifestés.

« En me faisant participer aux douleurs de son agonie, notre bien-aimé Sauveur m'a souvent fait part, Monseigneur, des peines que vous ressentiez à la vue des grands maux qui affligent la sainte Eglise et de

l'impuissance de l'esprit humain pour y
remédier. Il me montrait votre grande âme
faiblir en présence de tant de difficultés et
partager ainsi les défaillances de sa sainte
âme durant son agonie. Il m'invitait alors
à prier avec Lui pour vous soutenir, et en
me témoignant combien les dispositions
de mon cœur à compatir à ses douleurs lui
étaient agréables, ce bon Maître me disait :
« Je te mettrai en rapport avec ce défenseur
« de ma gloire et je le fortifierai par les pa-
« roles que tu lui adresseras en mon nom. »
Saurai-je vous dire, Monseigneur, toute
la confusion que j'éprouvais alors ? Tout
cela m'est impossible, mais Notre-Seigneur
m'assurait qu'Il voulait de moi ce témoignage d'amour et que ce que je ferais auprès de Votre Grandeur, Il le regarderait
comme fait à lui-même. Il me disait encore : « Je t'ai choisie comme un abîme de
« misère et d'ignorance pour humilier l'es-
« prit humain dans ce serviteur que
« j'aime ; je veux éclairer son intelligence
« de ma lumière divine, et c'est par toi
« que je veux la lui communiquer. »

« Monseigneur, ô mon bon Père, que votre bonté me permette de lui donner ce nom, j'en ai bien besoin pour vous faire de tels aveux. Oui, Monseigneur, j'ai besoin de compter sur votre bonté paternelle pour remplir un ordre si formel de notre bon Maître, et auquel l'obéissance seule peut me soumettre.

« Je ne sais encore comprendre ce que le Seigneur demande de son indigne servante, Monseigneur, mais je sens qu'Il veut que je vous communique ce qu'il fait en moi. Car, Il me dit encore : « C'est « parce que tu ne sais rien et que tu n'es « rien, que je me servirai de toi, afin de « faire éclater ma gloire. » Comme je sentais la vérité de ces paroles ! Je me voyais si bien un pur néant ! Pour me conserver dans ces sentiments de ma bassesse, Notre-Seigneur me dit alors ce qu'Il me répète souvent depuis : « J'appelle ce qui « est, comme ce qui n'est pas, et le néant « répond à ma voix. Et toi, ma fille, résis- « teras-tu ? » Je ne puis que répondre : « Me « voici, Seigneur, pour faire votre Volonté,

6.

« je m'abandonne à tous vos desseins sur
« moi. » Mais à peine revenue à moi-même,
toutes ces choses me paraissent de vraies
folies. J'hésite longtemps à les communiquer, mais le devoir autant que le besoin
m'obligent à le faire ; j'obéis, quoique
jamais acte d'obéissance ne m'ait tant
coûté qu'en ces sortes d'ouvertures.

« Depuis huit mois, mes supérieurs
m'obligent d'écrire ce qui se passe dans
mon âme et ce que Notre-Seigneur
me manifeste sur l'Eglise. Je veux me
soumettre à tout, quoique je me sentisse
trop heureuse de vivre toujours cachée,
inconnue, méprisée selon mon mérite.
Monseigneur, veuillez permettre à cette
pauvre enfant que le Seigneur a dirigée
vers vous, de vous demander si vous ne
reconnaissez pas de l'illusion dans tout
ce que je viens de vous confier ; il me
semble que le bon Dieu en m'adressant
à votre bienveillance paternelle a voulu
me fournir un moyen d'être éclairée ; oh !
quelle reconnaissance mon cœur ne vous
vouerait-il pas, si vous vouliez bien ras-

surer mon âme, souvent agitée par la crainte. Je crois pouvoir dire avec vérité que je ne désire qu'une chose : Vivre et mourir dans l'obscurité, quoique je ne puisse vouloir que le bon plaisir de Dieu en toute chose. Il est vrai que Notre-Seigneur calme mes craintes en me répétant : « Que ton cœur ne se trouble point, « qu'il ne craigne point. » Ces paroles, en ces saints jours surtout, me font goûter une paix difficile à exprimer. Mais un conseil de votre part, Monseigneur, serait pour moi l'expression de la Volonté divine.

« Je me sens prête à tout, disposée à tout, à tout sacrifier, heureuse s'il m'est donné de suivre l'attrait que Dieu me donne pour la vie commune et cachée. »

« Que me reste-t-il à faire, Monseigneur, si ce n'est de me jeter aux pieds de Votre Grandeur, et attendre de votre bonté une bénédiction que je ne saurais trop apprécier, et que votre bonté paternelle m'assure.

« Votre très humble servante.

« SŒUR SAINTE-AGNÈS. »

« Montliard, en tournée pastorale, 2 mai 1865.

« Mon enfant,

« Je reçois votre bonne lettre et bien que je sois au milieu de tous les accablements d'une tournée pastorale, je ne veux pas tarder à vous en remercier.

« Vos dignes supérieurs consentiraient-ils à ce que vous me donniez communication de ce qu'il vous est permis d'écrire? J'en serais très reconnaissant.

« Je vous bénis en Notre-Seigneur.

« ✝ F., *Evêque d'Orléans.* »

Cependant mû par un sentiment bien légitime et facile à comprendre, Monseigneur Dupanloup jugea opportun, après la première lettre, de prendre des renseignements sur l'humble religieuse de Narbonne. Il s'adressa à Monseigneur de la Bouillerie, alors évêque de Carcassonne, et celui-ci chargea de ce travail M. Graulle, vicaire général et supérieur de la Communauté. Voici en quels termes il s'exprime :

« Monseigneur,

« A la suite de la correspondance qu'une de nos religieuses a pris la liberté d'entamer avec Votre Grandeur, vous avez manifesté le désir de connaître les pensées qu'elle a été invitée à écrire. En l'absence de Monseigneur, qui est en cours de visite pastorale, et comme supérieur de la maison de Notre-Dame de Narbonne, je m'empresse de déférer au vœu que vous avez bien voulu exprimer. Je crois devoir accompagner mon envoi de quelques mots qui pourront rendre plus facile l'appréciation de ces écrits.

« La Mère Sainte-Agnès est véritablement humble ; elle s'est toujours fait remarquer par son grand amour de la régularité, et jamais on n'a saisi en elle la moindre trace d'exaltation.

« C'est sur ses instances et en vue de servir la cause de la Béatification de leur

Vénérable Mère Fondatrice, que la Révérende Mère Supérieure, animée d'ailleurs d'une foi très vive, ordonna une neuvaine en faveur d'une de ses filles, atteinte depuis cinq ans d'une complication de maux qui avaient dérouté tous les efforts de l'art. Cette neuvaine s'est terminée le 23 février par une guérison subite, radicale, que constate un rapport médical on ne peut plus motivé. C'est encore après les prières persévérantes de la même religieuse, et au jour de la fête de la Compassion qu'elle avait indiquée, qu'a eu lieu tout à coup, l'entier changement d'une sœur converse engagée, depuis longtemps dans une voie affligeante et qui s'obstinait à fermer absolument son cœur à sa supérieure. Je ne prétends pas, Monseigneur, asseoir une opinion sur ce que j'ai l'honneur de communiquer à Votre Grandeur et qui a favorablement impressionné des hommes compétents par leurs vertus et par leur science.

« Les écrits subséquents, les événements peut-être, vous aideront à comprendre si la Mère Sainte-Agnès est ou non victime d'une illusion. Je me fais seulement un devoir d'attester que tout en elle et autour d'elle, nous est pour le moment un sujet d'édification.

« Je suis avec un profond respect et dans les sentiments d'une admiration sincère pour son courageux dévouement aux intérêts si menacés de l'Eglise,

« De Votre Grandeur, le très humble et très dévoué serviteur.

« GRAULLE, *vicaire général.* »

Après ce témoignage rendu par l'autorité compétente, Monseigneur Dupanloup n'hésita point à continuer sa correspondance avec la Mère Sainte-Agnès. Vint le moment où par l'intermédiaire de sa confidente, Notre-Seigneur fit entendre à son serviteur de salutaires enseignements.

Le 11 juin 1869, à la veille du concile, au milieu de toutes les agitations qui annoncent déjà le grand événement, elle écrivait la lettre suivante à Monseigneur d'Orléans.

« Narbonne, 11 juin 1869.


« Monseigneur,

« Pardonnez-moi si j'ose encore abuser
de votre bonté, en me permettant de vous
écrire.

« Depuis que j'ai adressé à Votre Grandeur les inspirations que Notre-Seigneur
me communiquait, j'ai trouvé mon bonheur à servir ce bon Maître dans les
humbles fonctions de ma vocation,
n'ayant pour toute ambition que le désir
de le faire aimer des jeunes cœurs qui me
sont confiés. Cependant, à l'heure de la
prière, Notre-Seigneur n'a pas cessé de
m'occuper des intérêts de sa gloire et des
épreuves qu'Il réserve à son Eglise.

« C'est surtout dans ces moments d'union
avec Dieu que j'ai continué à demander
pour vous, Monseigneur, la plénitude des
dons de l'Esprit-Saint, selon que je m'y
sentais portée, et je n'aurais pu manquer

à ce devoir que Notre-Seigneur m'a imposé, sans en recevoir de vifs reproches de sa part. Toutefois, je croyais pouvoir borner ma mission à cet apostolat, le seul, en effet, qui semble me convenir; mais Notre-Seigneur me presse de vous faire connaître un désir de son cœur, Il me le demande comme un témoignage d'amour que je ne puis lui refuser. Voici ce que Notre-Seigneur m'a répété plusieurs fois en m'intimant l'ordre de vous manifester sa volonté. « Les œuvres de ce défenseur « de ma gloire me sont agréables. Je con- « nais les *désirs* de son *cœur* et ils me « plaisent; mais je trouve dans son esprit « une disposition qui m'afflige. Dis-le lui, « en mon nom, il te comprendra. Qu'il se « garde surtout de suivre la prudence mon- « daine qui est celle de l'orgueil humain. « Dis-lui encore que s'il veut toujours me « plaire, il demeure toujours uni d'esprit, « comme il l'est de cœur, à celui en qui je « vis que mon Père nomme son Christ. »

« Je ne vous dirai pas, Monseigneur, que j'ai hésité à accomplir le bon plaisir du bon Maître, non, car je ne sais plus avoir d'autre volonté que la sienne, et quoiqu'il puisse m'en coûter, je ne puis lui résister ; je lui ai seulement demandé à quelle marque Votre Grandeur pourrait reconnaître la vérité de mes paroles. Il m'a répondu : « Ne crains rien, son cœur « est droit, il cherche ma gloire, et la rec- « titude du cœur redresse facilement « les erreurs de l'esprit. » J'espère donc, Monseigneur, que vous voudrez bien me pardonner cette indiscrétion, en considération du désir qui me presse de plaire à ce Dieu plein d'amour qui a daigné abaisser ses regards miséricordieux sur ma bassesse.

« Veuillez bien me croire, Monseigneur, de Votre Grandeur, la très humble servante.

« SŒUR SAINTE-AGNÈS,

« Religieuse, fille de Notre-Dame. »

Monseigneur Dupanloup lui répondit le 16 juin :

« Menthon Saint-Bernard, 16 juin 1869. »<br>(Haute-Savoie.)

« Ma bonne Sœur,

« Je reçois votre bonne lettre, et je m'empresse de vous en remercier.

« Permettez-moi cependant de vous demander deux choses très importantes, afin que je puisse profiter de ce que vous m'écrivez.

« La première, c'est comment je puis éviter de *suivre la prudence mondaine* et en quel sens *précis et pratique* ces paroles me sont dites ; la seconde, c'est comment je dois être *uni d'esprit* à Celui avec lequel je *suis uni de cœur.*

« Vous comprenez, ma bonne Sœur, que dans des communications de cette nature, le vague ne permet guère d'en profiter, et les rend inutiles.

Je me recommande à vos bonnes prières et vous bénis bien paternellement en Notre-Seigneur.

« † F., Évêque d'Orléans. »

Le 22 juin, Mère Sainte-Agnès donne à
l'Évêque d'Orléans les explications suivantes :

« Monseigneur,

« Après avoir soumis à Notre-Seigneur
les questions que Votre Grandeur m'a
adressées, je viens en toute simplicité
vous transmettre ce qu'il m'a fait comprendre.

« Pour ce qui concerne la prudence mondaine, le bon Maître désire que, *sans nul
égard pour elle*, vous n'ayez rien autre
chose en vue que *sa gloire* dont il vous
confie les plus graves intérêts.

« Je voudrais, Monseigneur, pouvoir
vous exprimer le sens de ces paroles, comme
je le conçois ; mais, mon ignorance ne me
le permet pas ; j'ai tout lieu d'espérer, pourtant, que le bon Dieu vous en donnera
l'intelligence, car à ce propos il me rappelle ces paroles : « Si *quelqu'un a besoin
de sagesse, qu'il en demande à Dieu*, qui
en donne à tous avec abondance. »

« Je dois vous avouer, Monseigneur,

qu'en ⎡vous répétant textuellement les paroles qui ont rapport à la prudence, dans ma dernière lettre, j'aurais voulu changer la qualification de mondaine en celle d'humaine; mais, Notre-Seigneur ne me le permit pas, me donnant à entendre aussitôt que ce mot n'exprimait pas le sens qu'il voulait, et en même temps, il me fit comprendre la différence qu'il établissait entre eux. « J'appelle prudence mondaine, « me dit-il, celle qui se laisse guider sur- « tout par l'esprit du monde, suivant plu- « tôt les lumières de la raison, souvent « dominée par l'orgueil, que celles de mon « Divin Esprit ; tandis que la prudence « humaine entre surtout en rapport avec le « bien-être matériel. Je veux donc, ajouta « Notre-Seigneur, que tu te serves de cette « expression. » Je m'inclinai devant la volonté du bon Maître, lui laissant le soin de vous en donner plus d'éclaircissement qu'Il ne lui plaisait de m'en donner.

« Quant à la seconde question, voici ce que Notre-Seigneur m'a répondu : « Il sera « uni d'esprit à Celui à qui il est uni de

« cœur », en reconnaissant en Lui la PLÉ-
« NITUDE de l'*autorité souveraine* que j'ai
« remise entre ses mains par ces paroles :
« Tu es pierre, et sur cette pierre, je bâti-
« rai mon Eglise, et les portes de l'enfer
« ne prévaudront jamais contre elle. » Et
« encore : « Je TE donnerai les clefs du
« Royaume des cieux; *tout* ce que TU lie-
« ras sur la terre sera lié dans le Ciel et
« *tout* ce que TU délieras sera délié... »

« Voici maintenant, Monseigneur, ce que
j'ai vu ces derniers jours, dès que je vous
ai eu adressé ma lettre... Notre-Seigneur
m'a représenté l'état de l'Eglise, tel qu'il
était lui-même, au moment où il opéra le
grand mystère de la Rédemption, lorsqu'il
aperçut au pied de la Croix sa sainte Mère
et son disciple bien-aimé. Il m'a montré
son état de victime dans notre Souverain
Pontife ; celui de sa sainte Mère représen-
tant la sainte Église, seule dépositaire de
la foi, à cette heure suprême, comme le fut
Marie... et j'ai vu aussi votre mission,
Monseigneur, dans celle dont le bon Maître
chargea l'Apôtre saint Jean.

« Notre-Seigneur m'a fait alors entendre distinctement ces paroles : « Dis à mon « serviteur en mon nom : *Fils*, voilà ta « Mère ! soutiens-la, défends ses intérêts... « Je la confie à tes soins. » Monseigneur, je m'arrête, interdite, abattue sous le poids de la mission que je remplis auprès de vous... Notre-Seigneur me fait entendre que j'aurai encore bien des choses à vous communiquer, je m'abandonne à ses desseins sur ma pauvre âme, vous suppliant de vouloir bien soutenir de votre charité, celle qui ose se dire, de Votre Grandeur, la très humble servante. »

Rien de plus juste que les conseils donnés dans les lettres qui précèdent. C'est un fait incontestable : Monseigneur Dupanloup était uni de cœur au Souverain Pontife. Nous n'en voulons d'autres preuves que les paroles suivantes. L'évêque d'Orléans les faisait entendre à son clergé au moment de son départ pour Rome.

« J'en suis convaincu : à peine aurai-je touché la terre sacrée, à peine aurai-je

baisé le tombeau des Apôtres, que je me
sentirai dans la paix au sein d'une assemblée présidée par un père et composée de
frères. Là, tous les bruits expirent, toutes
les ingérences téméraires cessent, toutes
les imprudences disparaissent, les flots de
la mer sont apaisés. Nous penserons aux
saints dont nous occupons les chaires,
nous penserons aux âmes dont nous ré-
pondons devant Dieu, nous penserons au
Dieu qui nous voit et nous juge, nous
penserons aux Apôtres, nous croirons les
voir en face du monde à conquérir, et du
Maître à écouter; et lorsque, à la place
de ce Maître souverain des esprits, son
Vicaire sur la terre redira à chacun de
nous : « Mon frère, m'aimez-vous? » ah!
croyez que votre vieil évêque ne sera pas le
dernier à répondre : « Père, vous savez si je
vous aime ! » Comme disait le doux évêque
de Genève, *dans la contention d'amour
pour le Vicaire de Jésus-Christ*, je ne me
suis laissé vaincre par personne. Depuis
vingt ans mes cheveux ont blanchi, ma voix
s'est épuisée à votre service. O saint Père,

Dieu sait que les dernières paroles de mes lèvres et le dernier soupir de mon cœur appartiendront à l'Église et à vous. »

L'union de cœur était donc parfaite ; elle fait mieux ressortir le manque d'union d'esprit, car celle-ci, impossible de le nier, lui fit complètement défaut à l'époque du Concile. Son opposition, ses démarches, son insistance pour faire prévaloir ses vues, même auprès du Souverain Pontife, sa conduite à l'heure de la proclamation du dogme, tout le prouve.

Nous en trouvons l'aveu formulé par Monseigneur Dupanloup lui-même, dans une lettre à Pie IX. Cette lettre avait pour but d'exposer directement au Souverain Pontife les raisons de ne pas précipiter l'introduction de la question de l'Infaillibilité ; elle se terminait par la parole que voici : « Que Votre Sainteté me permette un dernier mot. Ah! sans doute, paraître, aux yeux de toute l'Eglise, l'ami du Saint-Père, seconder ses vues, être honoré de ses bontés, cela serait plus facile et plus doux que la tâche amère imposée à ma conscience par un dévouement supérieur.

« Mais ne sachant pas encore ce que définitivement l'Esprit de Dieu inspirera au saint Père et au Concile, car l'Esprit de Dieu seul connait ses heures, et d'où il souffle, et où il va ; sachant au contraire, par l'histoire de ces grandes assemblées où, à travers les luttes inévitables, cet Esprit assiste toujours, qu'Il ne se déclare quelquefois qu'au dernier moment, et qu'à Trente, en particulier, sur cette question même, ce n'est pas la définition qu'il inspira à l'Église et au Pape, mais le silence, je ne puis, Très-Saint-Père, que persévérer simplement dans ce que je crois être le vrai bien de l'Église ; *opposé* en apparence, mais en réalité plus que jamais dévoué à Celui des successeurs de saint Pierre qui aura été pour moi le plus vénéré et le plus aimé des Pontifes. Voilà le vrai et le dernier mot de mon âme et de mon cœur. »

Après ce vrai et dernier mot, tout commentaire est inutile. Est-il possible de rendre plus évidente et d'avouer plus clairement cette opposition entre l'union de cœur et l'union d'esprit avec le Souverain Pontife?

Dans cette même lettre, Mère Sainte-Agnès mettait monseigneur Dupanloup en garde contre ce qu'elle appelait si justement la « prudence mondaine, » c'est-à-dire, comme elle l'explique, après avoir consulté Notre-Seigneur, « cette prudence qui se laisse guider surtout par l'esprit du monde, suivant plutôt les lumières de la raison, souvent dominées par l'orgueil, que celles de mon divin esprit. »

Monseigneur Pie constate les mêmes obstacles, mais après avoir vu à l'œuvre les opposants du concile : « On est étonné de voir combien même les hommes d'Église jugent exclusivement les choses au point de vue humain. La prudence se prétend pratique en mettant les principes à l'ombre. Et cependant qu'y a-t-il de plus pratique que les principes? N'est-ce pas la vérité qui est la vie des peuples? »

L'évêque d'Orléans méritait-il cette

Évêché

d'Orléans

·‡·

La chapelle

près

Orléans, le   24 juillet   1869

Ma bonne sœur.

J'ai reçu votre lettre du 22 juillet, et je

viens vous en remercier. Mais pourrai vous me

tiré dans le décisions du Concile, les points
dont vous me parlez. Ce serait très important
à savoir, pour s'y bien disposer.

Je vous bénis en N. S.

+ J. E. évêque

observation ? Le simple exposé des faits sera la meilleure réponse.

Avant tout, il importe de déclarer que l'opposition de monseigneur Dupanloup portait sur l'opportunité de la définition et non sur le dogme lui-même. « Je n'ai écrit et parlé, dira-t-il plus tard, que contre l'opportunité de la définition ; quant à la doctrine, je l'ai toujours professée, non seulement dans mon cœur, mais dans des écrits publics. » Qu'il nous suffise de rappeler qu'il avait soutenu autrefois une thèse de doctorat à Rome sur cette doctrine. Bien plus, il venait de la reconnaître plus explicitement encore dans son livre de la *Souveraineté pontificale*, où il appelle le Pape « la religion vivante, le juge en dernier ressort des questions de foi et de morale, la puissance surnaturelle personnifiée, le Pontife investi des droits de défendre la doctrine, etc., etc. »

Or, pour quels motifs déclarait-il cette définition inopportune, dans quel but travaillait-il à obtenir, à tout le moins, un ajournement ?

Voici ce que nous lisons dans la *Vie de Monseigneur Pie*, par Monseigneur Baunard : « Ce qui préoccupait la plupart des membres de la minorité (et Monseigneur Dupanloup en faisait partie), était l'effet que l'introduction d'une pareille question allait produire sur l'opinion. C'était d'abord la crainte d'aggraver, par une nouvelle définition dogmatique, le joug de la foi, déjà trop lourd pour plusieurs, et d'éloigner ainsi à jamais de l'Eglise, soit les dissidents, soit les incroyants. Mais cette crainte n'avait jamais empêché le dogme de l'Immaculée-Conception d'être proclamé. La lumière ne pèse pas, et les esprits qui l'aiment et l'appellent, la désirent complète. C'était aussi la crainte d'indisposer le gouvernement déjà mis en défiance par le Syllabus et de nuire ainsi aux intérêts de l'Église et de la Papauté. Mais ces intérêts temporels, si graves fussent-ils, pouvaient-ils prévaloir sur ceux de la vérité ?

« Le Pape, le premier intéressé dans ces choses, n'en était-il pas, avec l'Église

assemblée, le meilleur juge ? La confiance
en lui, surtout la confiance en Dieu,
devait avoir raison de ces difficultés. »

« Cet ajournement, a écrit Monseigneur
Besson, la prudence humaine, toujours
courte par quelque endroit, le conseillait
peut-être »... « Mais Pie IX, ajoute l'historien de Monseigneur Dupanloup, s'y était
énergiquement, et on peut le croire aujourd'hui, providentiellement refusé. En
effet, la question étant ajournée et l'assemblée dissoute par la force des choses,
le Concile, forcément interrompu, voyait
la reprise de ses travaux indéfiniment
ajournée. Que serait-il advenu, si cette
crise formidable eût trouvé la question
de l'Infaillibilité pontificale dans l'état où
l'avaient mise d'ardentes polémiques, ré-
veillées par les levées d'armes du vieux
gallicanisme, plus audacieux alors qu'il
ne l'avait été depuis 1682 ? Mais maintenant les barrières avaient été placées, le
rempart élevé. Les orages pouvaient venir.
Dieu avait mis en sûreté l'unité de son
Église, et Il avait dit aux peuples ballottés

par la Révolution que là où le Vicaire de
Jésus-Christ allume les phares de la doctrine, là est le port et le salut. »

Monseigneur Dupanloup se trompait
donc. Or, c'était à le ramener dans le vrai
que travaillait la Mère Sainte-Agnès.
Disons mieux, et la preuve en sera four-
nie par les lettres qui vont suivre, c'était
à le ramener dans le vrai que travaillait
le divin Maître.

Dans sa miséricorde toujours délicate,
Il se servait d'un intermédiaire fort humble en réalité, mais qui, à raison même de
son humilité, prouvait mieux encore l'au-
thenticité de sa mission, et par suite méri-
tait une créance plus profonde.

Il sera facile de s'en convaincre : c'est
toujours le calme le plus parfait, la délicatesse la plus grande, le respect le plus
filial, mais la fermeté la plus inébran-
lable. Elle ne ménage rien, elle ne se
laisse déconcerter ni par le silence, ni
par des réponses parfois un peu dures.
Elle parle avec une précision remarquable.
Ici, comme partout ailleurs, elle a cette

justesse d'expression qui frappe dans tous ses écrits. Les avertissements sont devenus plus pressants, on voit une âme qui réalise pleinement ce qu'elle avait promis à son divin Maître. « Je suis votre servante, disposée à vous servir de toutes mes forces, et à mes dépens. » Notre-Seigneur parle, elle obéit. Et pour obéir, elle ne reculera ni devant la souffrance ni devant les sacrifices.

A la date du 29 septembre 1869, elle écrivait à son directeur : « Je ne puis me présenter devant Dieu sans porter dans mon esprit et dans mon cœur une âme pour laquelle je dois m'immoler et prier. Monseigneur Dupanloup est toujours devant mes yeux. Notre-Seigneur me presse de le prier avec instance. Oh ! mon Père, si vous saviez ce que je souffre ! Je ne sais ce que le bon Dieu demandera de moi, je suis prête à tout ! Mais, se peut-il qu'une pauvre créature comme moi puisse faire quelque chose pour un Dieu si grand ! Que dis-je, ce ne sera pas moi qui le ferai, et le Seigneur prouvera encore une fois de plus qu'Il se plaît à agir sur le néant. »

Mais reprenons la suite des faits.

C'était quelques mois avant l'ouverture du Concile. Déjà la controverse était des plus vives, la question de l'Infaillibilité était grandement agitée.

Monseigneur Dupanloup, plus frappé, nous dit son historien, des inconvénients qu'il voyait alors dans la définition, que de ses avantages, aujourd'hui incontestés, estima nécessaire de faire un puissant effort pour l'arrêter, s'il en était temps encore. Il se mit à préparer un écrit qu'il intitula : *Observations sur la controverse soulevée relativement à la définition de l'Infaillibilité au futur Concile.*

Nous ne dirons rien de cette œuvre de Monseigneur Dupanloup, voulant nous borner à notre rôle d'historien.

A cette même époque la Mère Sainte-Agnès lui écrit la lettre suivante

« Narbonne, 22 juillet 1869.

« Monseigneur,

« Quelque crainte que j'aie de me rendre importune, j'ose me permettre encore d'adresser à Votre Grandeur les dernières communications que Notre-Seigneur a bien voulu me faire. Après m'avoir laissée une longue suite de jours dans un dépouillement complet de toutes mes facultés intellectuelles, mon bon Maître ne m'en a rendu l'usage que pour m'entretenir de ses desseins sur l'Église, et sur les secours qu'Il attend de vous, Monseigneur, pendant ces jours de deuil et de tristesse qui doivent l'affliger.

« Notre-Seigneur m'a parlé encore de cette union d'esprit avec son Vicaire qu'Il veut trouver en vous. Pour cela, Il m'a fait comprendre qu'il y aurait, dans les décisions du Concile, certains points qui seraient en contradiction avec vos propres lumières, mais que cependant Il deman-

dait de Votre Grandeur une entière soumission d'esprit à tout ce que le Souverain
Pontife prononcerait en usant des droits
qui lui ont été donnés. A cet effet, Notre-
Seigneur m'a rappelé ce qui se passa un
jour parmi les apôtres et l'instruction
qu'il leur donna dans la circonstance où
ils avaient disputé entre eux sur la préémi-
nence. Il m'a fait entendre les mêmes paroles qu'Il leur dit : « Si vous ne devenez
« petits comme cet enfant, vous n'entre-
« rez pas dans le royaume des cieux. » J'ai
vu dans cet esprit de simplicité l'acte de
dépendance que Notre-Seigneur attendait
de Votre Grandeur. Après cela, Jésus m'a
dit : « Mon serviteur est une lumière que
« je destine à éclairer mon Église ; mais tu
« le sais, a ajouté mon bon Maître, selon
« que je te l'ai montré, il y a quelque temps,
« mes desseins ne sont pas toujours im-
« muables ; je fais souvent dépendre leur
« accomplissement du libre arbitre que j'ai
« laissé à l'homme, c'est pourquoi il y en a
« beaucoup d'appelés qui n'ont pas été élus.
« Combien avaient commencé à luire dans

« mon Église comme des flambeaux qui
« sont devenus des anges de ténèbres ! »
En même temps je vis, Monseigneur, le haut
degré de gloire qui vous est réservé dans
le ciel, si, comme je l'espère, vous savez
vous faire petit, ainsi que le divin Maître
vous l'apprend. Mon âme, à cette vue, fut
comblée de joie. Mais je vis ensuite les
profonds abîmes où le Seigneur confond
l'orgueil humain, et j'en suis restée tout
épouvantée. J'ai mieux compris alors,
Monseigneur, les grands desseins de miséricorde que le bon Dieu forme sur votre
âme, et je me suis sentie plus pressée que
jamais de prier encore. Combien ne suis-
je pas heureuse de vous dire que ce Dieu
de bonté a bien voulu me donner une
pleine assurance de votre fidélité ; et,
m'entretenant de nouveau de la mission
que Votre Grandeur devait remplir pour
la consolation de son Église, pendant les
jours d'épreuve qui se préparent, mon bon
Maître m'a dit : « Dis à mon serviteur
que ce sera à *lui* à recueillir les docu-
ments du concile et à conserver intactes

les traditions de mon Église. » Ces paroles m'étonnèrent, car je ne comprenais pas la signification du mot document, n'ayant jamais eu occasion de m'en occuper. Mon ignorance est si grande qu'il m'arrive souvent de ne pas comprendre le sens de ce que Notre-Seigneur me communique ; et lorsque je le lui représente, le priant de choisir quelqu'un de plus capable, Il me répond : « Je n'ai que faire de ton savoir, pas plus que de ton mérite, je ne veux de toi que la docilité à entendre ma voix et la fidélité à accomplir mes volontés. » Soumise à son bon plaisir, j'ai cru ne devoir pas lui refuser encore ce témoignage de mon amour. Pardonnez-moi, Monseigneur, cette trop grande liberté que j'ose prendre, j'en suis toute confuse, mais je ne puis cesser de compter sur votre indulgence que j'implore avec votre bénédiction paternelle.

« Croyez-moi, Monseigneur, de Votre Grandeur,

« La très indigne servante.

« SŒUR SAINTE-AGNÈS. »

La lettre qui précède était écrite avant le Concile, cependant la Mère Sainte-Agnès y faisait allusion à ce qui devait y être traité. Monseigneur Dupanloup ne pouvait manquer de remarquer cette indication. Mieux que personne, il était au courant de la grande question. Mais intrigué de connaître toute la pensée de sa correspondante, peut-être aussi désireux de la mettre à l'épreuve, il lui répond cette lettre qui contraste déjà par sa brièveté et presque sa dureté avec les précédentes.

« La Chapelle, près Orléans, le 24 juillet 1869.

« Ma bonne Sœur,

« J'ai reçu votre lettre du 22 juillet et je vous en remercie. Mais pouvez-vous me dire dans les décisions du Concile, les points dont vous me parlez? Ce serait très important à savoir pour s'y bien disposer.

« Je vous bénis en Notre-Seigneur.

« ✝ F., *Ev. d'Orléans.* »

Mais rien n'empêchera l'humble religieuse d'accomplir son devoir.

Elle répond à l'évêque d'Orléans, le 30 juillet 1869 :

« Monseigneur,

« Je dois en toute simplicité avouer à Votre Grandeur que j'ignore complètement les questions qui doivent être examinées au Concile; par conséquent, je suis incapable de répondre à la demande que vous m'avez adressée. Peu curieuse de savoir autre chose que ce que le divin Maître se plaît à me communiquer, je me borne à transmettre ce qu'il me fait entendre, laissant le soin du discernement à ceux vers lesquels il m'envoie et qui ont plus de lumières que moi.

« Je n'eusse donc de moi-même, Monseigneur, osé présenter une pareille requête à Notre-Seigneur, d'autant plus qu'avant d'avoir reçu votre lettre, j'avais entendu les paroles que le bon Maître adressa aux Capharnaïtes, lorsqu'ils lui

demandèrent des preuves de sa mission,
et j'avais cru comprendre que je n'aurais
non plus qu'à me taire aussi. Cependant,
Monseigneur, j'ai exposé votre demande à
Notre-Seigneur, comme me venant de
votre part, le priant de vouloir bien ache-
ver l'œuvre qu'il m'a fait commencer auprès de Votre Grandeur.

« Voici ce qu'il m'a répondu : « Mon
« heure n'est pas encore venue ; lorsqu'elle
« sera arrivée, je saurai te faire agir pour
« ma gloire. Aie confiance, je suis la vé-
« rité, moi-même qui te parle. Souviens-
« toi que le ciel et la terre passeront, mais
« que mes paroles ne passeront pas. »

« Monseigneur, si le bon Dieu voulait
me permettre de suivre mon attrait, je
pourrais me promettre de ne plus vous
importuner, mais il ne lui plaît pas de me
donner cet espoir... Il ne me reste donc
qu'à implorer encore votre indulgence et
votre paternelle charité pour ma pauvre
âme.

« Daignez agréer les profonds sentiments de respect et de vénération avec lesquels j'ose me dire, Monseigneur, de Votre Grandeur, la très indigne servante.

« Sœur Sainte-Agnès. »

# CHAPITRE V



On aura pu remarquer que dans les deux
lettres qui terminent le chapitre précédent,
la Mère Sainte-Agnès ne mentionne pas
la question de l'Infaillibilité. Elle ne le
pouvait pas, puisqu'au dire de Notre-Seigneur « l'heure n'était pas encore venue »
et que, de par ailleurs, peu curieuse de savoir autre chose que ce que le divin
Maître se plaisait à lui communiquer, et
se bornant à transmettre ce qu'Il lui faisait entendre, elle l'ignorait complètement.

Cependant l'heure allait sonner où cette

question, dont l'opportunité surtout devait soulever tant d'oppositions, allait être abordée et résolue, car le 8 décembre 1869, fête de l'Immaculée-Conception de Marie, avait eu lieu l'ouverture générale du Concile du Vatican dans la vaste nef de Saint-Pierre.

Sept cents évêques, venus de tous les lieux qu'éclaire le soleil, faisant escorte au Vicaire de Jésus-Christ, s'avançaient lentement, revêtus de leurs habits pontificaux, mitre en tête, et prenaient place à côté de la Confession de l'Apôtre dans la vaste chapelle convertie en *Aula* conciliaire par leur auguste assemblée ; c'était l'Église catholique qui inaugurait son dix-neuvième concile œcuménique. Mais à la pompe extérieure succéda immédiatement la discussion.

Les évêques discutaient comme à Trente sur des textes préparés par des théologiens. On n'attend pas de nous que nous retracions ici l'histoire détaillée du Concile. Le premier schéma discuté fut celui qui a pour titre : *De fide*. Il traitait

des erreurs modernes dérivées du ratio-
nalisme. Mais bornons-nous à ce qui
concerne le fait particulier dont nous nous
occupons.

Chacun sait, car c'est du domaine de
l'histoire, que l'évêque d'Orléans exprima
son opinion, hautement, avec une ardeur
qui était dans son caractère, « mais qui
était aussi dans sa conviction », nous dit
son historien. Il prit rang, et un rang con-
sidérable à cause de son savoir et de son
talent, dans ce qu'au Concile on a nommé
la minorité. Elle se composait des Évêques
qui combattaient, moins la doctrine de
l'Infaillibilité que son opportunité. Nous
n'avons aucune peine à reconnaître que
les Évêques n'avaient pas seulement le
droit mais le devoir de chercher par tous
les moyens licites à faire prévaloir leurs
opinions. Car, après tout, Dieu se sert des
hommes, dans un concile comme ailleurs,
pour son œuvre, et dans un concile ce
n'est pas aux débats préparatoires, mais à
la déclaration finale qu'est promise l'iner-
rance.

Nous adhérons volontiers à l'opinion de Monseigneur Besson, qui dans sa *Vie de Monseigneur Mathieu*, après avoir constaté que les Pères, les uns, « ne voyant que la vérité, en demandaient la proclamation solennelle, les autres, croyant cette proclamation inopportune, voulaient des ménagements », ajoute ces paroles : « Il y avait, jusque dans ces divergences, la même pensée de zèle et de charité, le même amour pour les âmes, le même désir de les gagner ou de les retenir. » Là, pour nous, dit Monseigneur Lagrange, est le respect comme la justice. Et la vérité se trouve aussi, nous le croyons du moins, dans ces paroles de Monseigneur Pie : « Il est hors de doute que la définition de l'Infaillibilité est entièrement due à ses adversaires. Le Tout-Puissant, qui a la science de l'avenir, fit servir à ses desseins, cette fois comme presque toujours, les obstacles suscités par les préjugés et les passions des hommes. »

Quoi qu'il en soit, pour mieux comprendre toute la vérité et tout l'à-propos

de cette intervention divine dont Mère
Sainte-Agnès, dans les lettres citées plus
haut et dans celle qui suivra, était l'instrument auprès de Monseigneur Dupanloup, il importe de signaler un peu plus
en détail ce qui se passa relativement à
l'Infaillibilité.

Le schéma *De Fide* était encore en discussion, et déjà l'on se demandait quel
autre sujet serait abordé immédiatement.
« Il y en avait un qui s'imposait comme
de force, nous dit Monseigneur Baunard.
Il s'était tellement emparé des esprits,
qu'il leur devenait impossible de s'occuper d'autres choses. » Donc, le 24 avril,
le jour même où un placet unanime était
donné à la constitution *Dei Filius*, plusieurs évêques, au nom de la majorité,
présentèrent au Pape un postulatum pour
l'introduction la plus prompte de la question de l'infaillibilité du Pontife romain.
Mais, d'autre part, cette question, devenue
inévitable, n'avait pas encore logiquement
son tour dans l'ordre des matières qui
constituaient le programme. L'enseigne-

ment du Concile devait être un exposé
théologique complet, embrassant et éclai-
rant tous les points niés ou controversés
de la doctrine chrétienne.

La constitution *Dei Filius* répondait
pleinement, titre de fondement et d'introduction, au plan général. Restait à dis-
cuter la seconde partie du schéma *De
Fide*, déjà élaborée par la commission,
déjà rédigée presque en entier, et très pro-
chainement en état d'être soumise aux
délibérations conciliaires.

Cette partie contenait l'exposé de la doctrine catholique sur la Très Sainte Tri-
nité, sur la grâce, sur la chute du premier
homme, sur la réparation par le Verbe In-
carné, et complétait ainsi la grande syn-
thèse dogmatiqu.

Viendrait ensuite le chapitre sur l'Église
et le Pontife suprême, et ce serait alors le
moment d'aborder la question de l'Infaillibilité.

C'est ce qui faisait dire au cardinal Bilio,
légat du pape : « Il convient de ne rien
brusquer. Poursuivons nos travaux dans

leur ordre déterminé, la discussion de l'Infaillibilité viendra en son temps et à sa place. »

Monseigneur Pie lui-même, qui voulait cette question à son rang, pour qu'elle en empruntât plus de lumière et de force, ne crut pas devoir s'associer d'abord à l'initiative de la majorité.

Bien plus, un groupe d'évêques italiens, conduits par les cardinaux Corsi, Pecci, depuis Léon XIII, Monchini, firent une démarche dans ce sens auprès du Pape — qui n'accueillit pas sans doute leurs raisons, puisque, le 29 avril, le cardinal de Angelis annonçait, devant les congrégations, qu'on mettait à l'ordre du jour la question *de parvo catechismo*, puis celle de l'Infaillibilité.

Soixante-sept évêques, parmi lesquels, en France, ceux de Paris, Albi, Autun, Grenoble, Orléans, Coutances, Marseille, Perpignan, Gap, et Monseigneur Maret, protestent le 8 mai, non pas contre l'infaillibilité, mais contre l'interversion des travaux. Ils réclament, comme plus lo-

gique et plus décent, un décret d'ensemble
sur l'Église. Publié seul, le décret sur
l'Infaillibilité pourrait paraître une surprise, scandaliser les faibles et donner
raison aux ennemis de l'Église qui affir-
maient très haut que le Pape n'avait con-
voqué les évêques que pour accroître sa
puissance.

A Rome, on pensait autrement. L'infaillibilité, disait-on, pesait sur le Concile
comme une obsession, il fallait en finir.
C'était le seul moyen de rétablir la con-
corde, et de rendre aux esprits leur pleine
liberté ; d'ailleurs les vicaires apostoliques étaient là, il leur serait difficile
de revenir l'année ou les années suivantes.

Au sujet de cette division des esprits
pendant le Concile, nous lisons dans le
journal de Mère Sainte-Agnès : « Je me
trouvai transportée dans une région supérieure et tout intellectuelle. C'était comme
un monde où il n'existait que des esprits.
Je voyais cette assemblée (le concile) di-
visée en deux parties, l'une élevée dans

une région toute spirituelle, et l'autre environnée de ténèbres.

« En même temps il me fut montré trois sortes d'états dans les esprits qui composent l'Église : les uns si pleins de leur propre savoir que l'Esprit-Saint ne trouvait plus de place et planait sur eux sans épancher ses rayons de lumière, — les autres, moins pleins, en recevaient une partie ; mais d'autres, plus riches, me paraissaient inondés de flots de lumière, je les voyais tout lumineux.

« Notre-Seigneur me dit alors : « Ma fille, « je me servirai de ces esprits pour faire « de grandes choses. J'ai créé ces intelli-« gences et je m'en servirai pour éclairer « mon Église. »

« Uniquement occupée des intérêts de la gloire de mon Maître, je portai mes yeux sur cette partie de l'Église plongée dans les ténèbres, et je suppliai mon Maître de jeter sur elle un regard de grâce et de bonté, mais il se contenta de me répondre : « Ces es-« prits sont trop pleins d'eux-mêmes, pour « que mon Esprit-Saint puisse les éclairer. »

« Eh quoi, Seigneur, lui dis-je, les lais-
« serez-vous toujours errer dans les ténè-
« bres? Et cette âme (Monseigneur Dupan-
« loup) objet de ma sollicitude, ne la ramè-
« nerez-vous pas bientôt de cette voie? »

« Ma fille, quant à cette âme, tu as mes
« promesses, garde-les avec fidélité, et moi
« je les accomplirai pour ton amour. »

Le schéma sur l'infaillibilité fut donc distribué aux Pères du Concile le 9 mai.

L'évêque d'Orléans, avec l'ardeur qu'il déploie en tout, a pris l'avance. Dès le 20 avril, persuadé que l'Église court un véritable danger, il a écrit directement au Pape pour lui exposer que la question de l'infaillibilité « mettait l'Europe en feu et que ce feu pouvait devenir un incendie, si par une précipitation violente on semblait, au prix de tout, vouloir comme emporter d'assaut une telle affaire. » Pie IX lui répond avec paternité le 2 mai. Il rend hommage au dévouement et aux services du prélat, et, sans entrer dans le fond de la question, ajoute simplement :
« Gardez l'esprit de modération fondé sur

la certitude que, dans un Concile œcuménique, le Saint-Esprit dirige les affaires,
éclaire les esprits, et incline toujours les
volontés de telle sorte que rien ne puisse
y être statué ou défini qui ne soit certain
et révélé, et qui ne tourne au bien de
l'Église. »

Cette certitude ne paraît point suffire à
Monseigneur Dupanloup, car il allègue
« que, ne sachant pas encore ce que définitivement l'Esprit de Dieu inspirera au
Saint Père et au Concile, il ne peut que
persévérer dans ce qu'il croit être le vrai
bien de l'Église. » C'est pourquoi il signe
la protestation des soixante-sept.

Malgré toutes ces raisons légitimes et
bien fondées au point de vue humain,
malgré toutes les oppositions de la minorité, le schéma de l'Infaillibilité fut distribué le 9 mai. Il le fallait parce que cette
vérité était le seul remède au doute et au
trouble qui s'étaient faits dans les esprits
en dehors du Concile ; parce qu'elle seule
pourrait mettre fin à l'esprit d'antago-
nisme, à l'état de suspicion et au malaise

général qui y régnaient en dedans. Il le fallait, parce qu'il était temps d'en finir, avant une dispersion que l'on prévoyait prochaine. Il le fallait surtout pour une autre cause qui était inconnue aux hommes ; parce que cette dispersion serait un ajournement prolongé, indéfini de la reprise des sessions, parce que des événements majeurs se préparaient qui y mettraient obstacle. Dieu savait tout cela, et Il disposait tout selon cette prévision divine.

Cependant, dans sa lettre écrite le 19 mars, Mère Sainte-Agnès faisait connaître à monseigneur Dupanloup les volontés formelles et expresses de Notre-Seigneur à ce sujet :

« 19 mars 1870.

« Monseigneur,

« Si je ne crains pas d'importuner Votre Grandeur dans de si graves circonstances, c'est que l'heure que Notre-Seigneur avait marquée dans les décrets de sa prescience est arrivée.

« Qu'il me soit permis, Monseigneur,
de rappeler à Votre Grandeur la parole que
le bon Maître m'a fait entendre en réponse à votre dernière demande (lettre
du 24 juillet 1869) : « Mon heure n'est pas
« encore venue. Quand il le faudra, je
« saurai te faire agir pour ma gloire. »
Souffrez donc, Monseigneur, qu'une pauvre
servante de Jésus vienne vous transmettre
ses paroles.

« La première que Notre-Seigneur veut
qu'elle vous dise en son nom est celle-ci :
« Et vous, ne voulez-vous pas aussi me
« quitter ? » Jésus me l'a fait entendre
en me pressant de vous l'adresser de sa
part. Comme j'étais persuadée que Votre
Grandeur ne la recevrait pas sans explication, j'ai prié Notre-Seigneur de m'en
donner l'intelligence, et Il m'a répondu :
« Lorsque j'adressai cette question à mes
« apôtres, je venais de proposer aux Juifs
« la croyance d'un mystère des plus su-
« blimes, et, en même temps, des plus
« contraires à la raison humaine. A cette
« annonce, plusieurs refusèrent de croire

« et se séparèrent de moi ; mais loin de les
« détromper de ce qu'ils avaient compris,
« j'insistai plus fortement encore. » —
« Seigneur, lui dis-je alors, quel rapport y
« a-t-il entre cette circonstance de votre
« vie et ce que vous m'ordonnez de dire à
« votre serviteur? »

« — Ma fille, reprit le bon Maître, au-
« jourd'hui il ne s'agit pas d'un mys-
« tère, mais d'une vérité que l'Église doit
« proclamer dogme de foi pour assurer
« son triomphe contre l'esprit d'erreur et
« d'indépendance qui combat contre elle.
« Cette vérité, c'est l'infaillibilité de son
« chef suprême, de Celui que j'ai revêtu de
« mon autorité souveraine et qui parle en
« mon nom, investi de ma Toute-Puis-
« sance ; vérité qui ne doit pas être consi-
« dérée avec les yeux de la chair et du sang,
« ni, par conséquent, avec les simples lu-
« mières de la raison ou de la prudence
« mondaine, mais avec les yeux de la foi,
« car mes paroles sont esprit et vie. » —
Étonnée de ce que j'entendais, je me jetai
au pied du Crucifix, devant lequel je mé-

ditais, conjurant Notre-Seigneur de me
fortifier, car mon âme défaillait sous le
poids de la mission qui m'était imposée
auprès de Votre Grandeur. Aussitôt le bon
Maître se découvrit aux yeux de mon esprit,
tel qu'il était sur la Croix et Il me dit :
« Ma fille, prends dans chacune de mes
« plaies une petite pierre, et, comme mon
« serviteur David, va combattre en mon
« nom contre Celui vers lequel je t'en-
« voie. »

« A Dieu ne plaise, Monseigneur, que
je veuille faire allusion à autre chose qu'à
votre élévation et à ma bassesse, à votre
savoir et à mon ignorance, car je fais
profession de ne savoir autre chose que
Jésus et Jésus crucifié, et je puis dire en
toute simplicité comme mon bon Maître :
« Ma doctrine n'est point de moi, mais de
« Celui qui m'envoie » : doctrine que je
n'ai apprise qu'au pied de la Croix et surtout auprès du divin Cœur présent dans
nos saints Tabernacles.

« Pourriez-vous, Monseigneur, ne pas
reconnaître à mes paroles ce même Jésus

qui se plaît à converser avec les simples,
mais qui aussi se fait tous les jours victime entre vos mains !... Pour moi, oh ! oui,
laissez-moi vous le dire, Monseigneur, je
l'ai vu, ce divin Sauveur de nos âmes ! je
l'ai contemplé en esprit entre vos mains
sacerdotales, en cet état de victime !... Et
alors je l'ai supplié d'éclairer votre esprit.
Je lui ai démontré la droiture de votre
cœur, en agissant comme vous l'avez fait
dans vos derniers écrits, où, malgré tout
ce qu'on peut en dire, je ne sais reconnaître que le désir de procurer le bien de
la société humaine.

« Notre-Seigneur m'a répondu alors :
« Ma fille, qui a jamais plus désiré que
« moi le bonheur et la réhabilitation du
« genre humain ? Cependant ce n'est pas
« en suivant les règles de la prudence du
« monde que j'ai tout accompli, mais par
« la sainte folie de la Croix... Parle à mon
« serviteur, répète-lui encore : « Et vous,
« ne voulez-vous pas me quitter ? » Je
« t'envoie vers Lui pour calmer les per-
« plexités de son esprit... J'ai beaucoup de

« choses à lui faire dire encore, mais il ne
« saurait les porter présentement. Quand
« l'esprit de vérité sera venu en Lui, tu
« lui communiqueras ce que je t'ai an-
« noncé, et tu rendras témoignage à ma
« Divinité. »

« Quelle n'a pas été ma surprise, Monseigneur, lorsque j'ai appris que la vérité
dont je viens de vous parler avait été pro-
posée au Concile. Notre-Seigneur m'a entretenue de ces choses dans le même temps
sans que je pusse m'en douter... Cette
coïncidence, en rapport avec la promesse
que le bon Maître m'avait faite de m'en-
voyer vers vous quand son heure serait
venue, a fortifié ma foi et m'a remplie d'un
saint désir de le glorifier.

« Notre-Seigneur me presse encore de
vous adresser une demande, Monseigneur,
c'est celle de vouloir bien méditer les paroles que je vous transmets de sa part au
pied de la Croix, signe de folie pour le
monde, mais trésor de sagesse pour les
véritables enfants de Dieu... Méditez-les
aussi au saint Autel, nouveau Calvaire,

où Jésus s'immole par vous, Monseigneur, et je ne doute point que vous ne les entendiez dans le même sens que je les ai comprises... Alors, je l'espère, elles imprimeront dans votre âme cette force divine qui nous fait triompher du monde et de nous-mêmes... car *les paroles de Jésus sont esprit et vie.*

« En retombant sur moi-même, Monseigneur, il ne me reste que la confusion... Pardonnez-moi, c'est le seul mot que je puisse adresser à Votre Grandeur; ce pardon, que j'implore, votre indulgence ne saurait me le refuser. Oh! oui, je l'espère, je l'attends de votre bonté en me disant,

« De Votre Grandeur, etc. »

« SŒUR SAINTE-AGNÈS. »

Au sujet de cette lettre, le P. Jean, abbé de Fontfroide, écrivait : « Je ne puis vous dire quelle a été mon admiration pour cette magnifique lettre, et pour la forme et pour l'à-propos. Oh! oui, tout cela vient de Dieu.

« J'ai tout lieu de croire, ajoutait-il,

qu'elle aura été bien accueillie, parce que Monseigneur Dupanloup connait cette religieuse depuis longtemps et ne peut avoir le moindre doute sur la simplicité et la droiture de son âme. »

Pour toute réponse, Monseigneur Dupanloup envoya une petite image à la Mère Sainte-Agnès, avec ces mots :

*Souvenir de Rome, 1870.*
✞ *F[x]..., évêque d'Orléans.*

Mis comme toujours au courant, l'abbé de Fontfroide écrivait :

« Cette image, avec les circonstances qui l'accompagnent, est de très bon augure. Dieu achèvera l'œuvre de sa miséricorde, il n'y a pas de doute. Mais quel danger cette âme a dû courir pour que le divin Maître ait employé tous ces moyens et combien il aime les âmes ! Tout cela me met dans l'admiration. »

La Mère Sainte-Agnès y vit, elle aussi, un encouragement.

Elle écrivit, le 17 avril :

« Monseigneur,

« Le témoignage de bienveillance que j'ai reçu de la part de Votre Grandeur m'engage à venir encore vous ouvrir mon âme, pour vous manifester les œuvres que le Seigneur y opère, ce que je n'oserais faire, Monseigneur, si je n'étais persuadée que vous ne saurez reconnaître, dans les opérations divines dont je viens vous entretenir, que l'excès de l'amour de Dieu pour sa pauvre servante.

« Pour vous faire mieux admirer les effets de la grâce, je voudrais, Monseigneur, pouvoir vous dévoiler toute mon indignité, mais cela ne m'est pas possible ; qu'il me suffise donc de rappeler à Votre Grandeur des paroles dont l'évidence est connue et que le bon Maître me répète, lorsque je lui représente mon incapacité : « Je me plais à travailler sur le néant, me « dit-il, c'est de lui que je tire mes plus « belles œuvres. » Pour me convaincre de cette vérité, quoique je sois déjà bien pauvre en esprit, il me dépouille encore et, lorsqu'il m'a réduite au plus profond anéantissement intellectuel, il agit en moi. Pendant ces derniers jours, Monseigneur, ses opérations ont été pour moi plus incompréhensibles que jamais; pour me borner à ce que Notre-Seigneur veut que je vous communique, et pour ne pas abuser de votre bonté, je ne vous parlerai que de ce que j'ai éprouvé le jour du Jeudi saint.

« Le bon Maître, ce jour-là, s'est plu à me découvrir avec plus de clarté son amour ineffable dans l'adorable Eucharistie, et les effets de ce sacrement divin dans les âmes. En me montrant ces merveilles, il me disait : « Tu le vois, ma fille, « dans un grand nombre d'âmes mon « amour pâtit; dans d'autres, il agit; et « dans un nombre bien moindre, il jouit. »

« Alors, Monseigneur, votre âme me fut montrée parmi les premières et, comme je demandais à Notre-Seigneur ce qui mettait obstacle à son œuvre en vous, il me répondit : « Ma fille, ne sais-tu pas « cette parole : Celui qui adhère à Dieu

« devient un même esprit avec Dieu ? Oui,
« Dieu est esprit, et il veut que ses vrais
« adorateurs l'adorent en esprit et en vé-
« rité... Or, l'acte d'adoration qui m'honore
« le plus, c'est celui d'une souveraine
« dépendance à la volonté divine... Je
« n'agirai donc dans mon serviteur que
« lorsqu'il se sera soumis à ma volonté. »

« Après m'avoir ainsi entretenue pendant
mon oraison, Notre-Seigneur voulut bien
opérer d'une manière bien plus merveilleuse, lorsque je le possédai en moi par
la sainte Communion. M'unissant intimement à son divin Cœur, il m'éleva selon
l'esprit, en sorte qu'il me semblait être
dans l'ombre même de la Divinité... Là,
dans un excès d'amour inexprimable,
l'époux bien-aimé de mon âme me présentait à son Père, en lui disant : « Mon Père,
« je l'ai connue en vous de toute éternité.
« Je l'ai aimée dans votre amour, et je
« vous ai glorifié en la sanctifiant ; glo-
« rifiez-moi donc aussi, en vous servant
« d'elle pour les desseins de ma gloire,
« afin qu'elle ait en elle la plénitude de

« ma joie, et qu'elle soit un avec nous,
« comme nous sommes un... »

« Après cette prière, je reçus de Notre-
Seigneur des témoignages d'amour qu'aucun langage humain ne saurait exprimer.
Puis, il me dit : « Ma fille, il n'est point
« dans mon cœur de trésor, si précieux
« qu'il puisse être, que mon amour ne te
« réserve ; cependant, souviens-toi que ces
« droits, que je te donne sur mon Cœur,
« ne sont pas seulement pour toi, mais
« aussi pour bien d'autres, et surtout pour
« mon serviteur... » Il me montra de nouveau votre âme, Monseigneur, bien éloignée de cette union d'amour qui m'unissait à lui, et il me dit : « Cette âme vit, il
« est vrai, dans ma charité, mais cette vie
« ne suffit pas aux desseins de ma gloire.
« Je veux pouvoir dire pour elle à mon
« Père, ce que je lui disais pour mes
« Apôtres : « Mon Père, qu'elle soit un
« avec nous, comme nous sommes un. »
« Il faut donc, ma fille, que tu agisses
« auprès de mon serviteur et que tu lui
« fasses connaître mes desseins d'amour ;

« dis-lui, en mon nom, que je l'appelle à
« cette union divine avec moi en mon Père
« et mon divin Esprit, et que c'est par son
« acte de soumission et de dépendance
« absolue aux lumières de mon Église,
« qu'il entrera dans la plénitude de ma
« joie... Alors, mon amour agira en lui
« pour la consolation de mon épouse bien-
« aimée la sainte Église. »

« Monseigneur, après vous avoir dévoilé
ces secrets de mon âme, permettez-moi de
vous exprimer le sentiment le plus intime
de mon cœur, c'est celui de la confusion
qui m'accable, mais je consens à porter le
poids de ma honte, si le Seigneur doit en
être glorifié.

« Comptant encore sur votre bonté paternelle, j'ose vous demander votre bénédiction et me dire, de Votre Grandeur, etc.

« Sœur Sainte-Agnès.

« 17 avril 1870. »

Après cette lettre du 17 avril, l'abbé de
Fontfroide rendait ce précieux témoignage

sur la correspondante de Monseigneur Dupanloup :

« Je n'ai plus, depuis quelque temps,
aucun doute sur l'esprit qui dirige Mère
Sainte-Agnès. La dernière lettre est aussi
belle, aussi merveilleuse, que la précé-
dente. Ce rôle se soutient d'une manière
admirable, et l'action de l'esprit de Dieu
devient de plus en plus certaine. »

Mais, aussitôt, il ajoute ce conseil :
« Continuez d'agir à son égard, comme
vous avez fait jusqu'ici, sans distinction
aucune, afin de tenir son âme dans l'humilité. »

Cette dernière lettre, selon toute proba-
bilité, resta sans réponse, et la Mère
Sainte-Agnès se renferma dans le silence
et dans la prière, jusqu'à la séparation du
Concile et la définition de l'Infaillibilité.

« Un jour, nous raconte-t-elle, après la
sainte Communion, le bon Maître m'attira
à lui et, me faisant entrer dans cet esprit
de prière dont il m'avait parlé, il tenait
devant mes yeux cette âme dont il m'oc-

cupe depuis longtemps (Monseigneur Dupanloup) et, me la montrant dans un grand
danger, il me dit : « Ma fille, console mon
« cœur en me la donnant. » — « O mon
« Sauveur Jésus, lui dis-je, moi, vous
« donner cette âme ! N'est-ce pas plutôt à
« vous à me la donner pour la consola-
« tion de votre Église ? »

« — Non, ma fille, reprit-il, c'est toi
« qui, par tes larmes, tes supplications,
« et surtout ton amour pour moi, dois la
« redonner à mon Église. Il faut qu'elle
« soit le fruit de ton amour pour moi et de
« mon amour pour toi... Comme l'amour
« qui m'unit à mon Père est fécond, il faut
« aussi que celui qui m'unit à ton cœur et
« qui l'unit au mien, soit fécond. »

On verra la vérité de ces conseils et de
ces exhortations dans la suite du récit.

Cependant, le Concile avait continué
ses travaux. La question de l'Infaillibilité
était engagée au vif. Pendant quatorze congrégations se succèdent soixante-quatorze
orateurs. Treize prélats français prennent
la parole, parmi lesquels NN. SS. Rivet,

David, Dupanloup, pour l'opposition ;
Donnet, de Dreux-Brézé, Rœss en faveur
de l'Infaillibilité.

Les deux discours les plus remarquables sont ceux de Monseigneur Darboy et de Monseigneur Manning.

Ce qui hâte les travaux pour la définition de l'Infaillibilité, ce sont les attaques de l'opposition, au Concile et hors du Concile. Et elles ne manquent pas.

« Au grand scandale des faibles, écrit Louis Veuillot, nous avons vu paraître *Ce qui se passe au Concile*, d'un publiciste caché ; la *Disquisitio moralis*, d'un moraliste caché ; la *Lettre d'un Évêque caché* ; et cette brochure sur l'*Unanimité nécessaire*, par une quatrième main cachée... » Tous ces mémoires de même famille, s'adressent au monde, aux journaux, aux femmes mêmes qui prennent chaudement parti. Les théologiennes sont des agents très précieux pour faire circuler les raisons mal conformées. « C'est à une dame, déclare irrévérencieusement le rédacteur en chef de l'*Univers*, que le diable a dédié

son premier traité de théologie, hélas!
avec quel succès!... »

Le 9 juin fut close la discussion générale, après quatorze séances et les
soixante-quatre discours de l'opposition.
Celle-ci n'en protesta pas moins contre la
violation du droit de tous. « Cette protestation, remarque M. Émile Olivier, est
regrettable pour la minorité; son inconscience frappera tellement les historiens du
Concile qu'elle invalidera l'autorité des
précédentes qui, du moins, avaient une
apparence de solidité et de vraisemblance. »

Cependant, les jours pressent. L'été
vient avec ses chaleurs terribles. Plusieurs
prélats pressent le Pape de proroger le
Concile jusqu'en automne, invoquant la
santé, les fatigues des Pères. « Non, répond absolument Pie IX. Des congés
nécessaires seront accordés, mais le Concile poursuivra ses travaux. »

Le 2 juillet, on vote, par assis et levé,
la rédaction définitive du *proœmium* et
des deux premiers chapitres; et le 4 juillet,

tous les orateurs renoncent à la parole ; avant dix heures, tout était terminé. Or, « le soir, il eût peut-être été trop tard, » racontera Monseigneur Pie à ses prêtres.

Dans l'après-midi du 4 juillet, un télégramme était expédié de Paris à un membre du Concile, et on y lisait : « Tenez bon quelques jours, la Providence vous envoie un secours inespéré. »

Ce secours inespéré, c'était la guerre déjà reconnue inévitable dans les sphères officielles, et dont le prochain éclat allait nécessiter la dispersion des évêques et renvoyer à une époque indéterminée la définition dont on voulait, à tout prix, l'ajournement. Mais les orateurs avaient renoncé à la parole le matin ; la discussion était close.

Le 13 juillet eut lieu le vote sur l'ensemble du schéma de l'infaillibilité. Le suffrage nominal de 601 votants donna 451 placets, 88 non-placets, 62 placets *juxta modum*, c'est-à-dire sous condition.

Il fallait s'attendre aux perfides manœuvres finales. Le plus triste fut un pamphlet

intitulé : *La dernière heure du Concile.*
On y lisait : « Les évêques ont sanctionné
ce que les jésuites ont écrit. Mais le grand
responsable, c'est Pie IX, qui a voulu le
Concile malgré les cardinaux et malgré
eux l'infaillibilité personnelle. »

Sur la proposition des légats, cette brochure est condamnée par la majorité.

Après la séance du 16 juillet, l'opposition, peu satisfaite du projet de définition,
tenta un effort désespéré auprès du Pape
en personne, lui demandant ou d'ajourner
le décret ou au moins d'introduire quelques modifications à la faveur desquelles
la minorité se joindrait à la majorité. La
principale de ces modifications consistait
à faire insérer que pour être infaillible, le
Pape devait s'appuyer sur les témoignages
des Eglises.

« Il est sans doute bien tard, répond
le Pape, pour changer ce qui a été déli-
béré et arrêté. C'est d'ailleurs au Concile
qu'une telle demande doit être adressée. »
La décision du Pape était donc irrévo-
cable.

Monseigneur Dupanloup, fidèle jusqu'au bout à ses convictions, suggérait au Saint Père, pour la séance du 18, une déclaration dans laquelle « ayant d'abord remercié le Concile de son suffrage imposant en faveur de l'infaillibilité, il estimait meilleur, vu les circonstances, par prudence et modération apostolique, de surseoir présentement à la confirmation des votes conciliaires. Par ce coup de sagesse, ajoutait la lettre : le Saint-Père préviendrait d'une manière simple et inattendue, à la dernière heure, des maux incapables et trop certains, étonnerait le monde, y exciterait une reconnaissance et une admiration universelles, en même temps que la doctrine de l'infaillibilité aurait fait un pas immense, et acquis une force nouvelle par le vote affirmatif et public de près de cinq cents évêques. »

On le voit, c'était jusqu'au bout la même tactique. Ces démarches, raconte monseigneur Pie, n'eurent d'autre effet que de faire accentuer davantage par la majorité le sens des phrases contredites.

On ajouta que le Pape avait la plénitude
entière de la puissance suprême, et que
les définitions du Pontife romain sont
irrévocables par elles-mêmes, et non par
le consentement de l'Eglise.

Le 18 juillet 1870, l'Infaillibilité du
Pape fut solennellement proclamée à Saint-
Pierre, par l'unanimité des Pères présents,
moins deux, dont un alla déposer son
acte de foi aux pieds du Saint-Père le
même soir, et l'autre le lendemain matin.
Dieu avait fait son œuvre de sagesse et
de force.

« J'étais là, écrivait plus tard monseigneur Gay, et je n'ai vu de ma vie un
spectacle aussi saintement émouvant.

« L'effroyable orage qui grondait pendant
que Pie IX parlait, donnait, au trône d'où
il prononçait la définition, l'apparence du
Sinaï. En dehors de l'enceinte réservée
au Concile, la foule y répondait par des
acclamations enthousiastes qui durèrent
plus d'un quart d'heure et qui parfois
couvraient la voix du tonnerre. »

Monseigneur Dupanloup n'y était pas.

Le dimanche 17 juillet, raconte son historien, à sept heures et demie du soir, l'évêque d'Orléans quittait Rome avec l'évêque de Colocza. La nuit écoulée, aux premiers rayons du jour, comme il prenait, selon sa coutume, son bréviaire pour le réciter, monseigneur Haynald qui se trouvait à l'angle opposé du wagon, pensif, s'écria tout à coup : « Monseigneur, « Nous avons fait une grande faute. » — Par un signe l'Evêque d'Orléans fit entendre qu'il allait prier.

Il ne nous appartient point de juger quelle faute avait été commise ni même si elle avait été commise, mais personne ne niera que grande eût été la joie de tout le monde catholique si Monseigneur Dupanloup, après avoir lutté jusqu'au bout de ses droits d'opposant, avait fait son œuvre en s'unissant à l'immense majorité des Pères du Concile. Après tout, pour agir ainsi, il n'avait qu'à être fidèle à ses propres engagements.

« D'avance, avait-il dit au clergé et aux fidèles d'Orléans, au moment de son

départ pour Rome, et obéissant jusqu'à
la mort, j'adhère aux décisions du chef de
l'Eglise et du Concile. J'y adhère du fond
du cœur et de toute mon âme, quelles
que soient ses décisions, conformes ou
contraires à ma pensée particulière, qu'elles
viennent la confirmer ou la contrarier.
Nous sommes tous des hommes, et dans
ce Concile, comme dans tous les autres,
les imperfections humaines auront leur
part.

« Mais notre croyance est précisément
que le Saint-Esprit dirige, façonne, con-
sume ces imperfections et les tourne au
service de la vérité. Nul n'est catholique
sans cette foi qui est la mienne, et voilà
pourquoi d'avance j'adhère, je suis soumis ; et je suis heureux d'adhérer, joyeux
de me soumettre.

« Je vais au Concile, appelé par le Pontife
suprême de l'Eglise, j'y vais comme juge
et témoin de la foi ; j'y serai, je l'espère,
avec l'aide de Notre-Seigneur, un juge
libre, attentif et ferme, sans aucun respect humain, un témoin fidèle.

« Et le Concile achevé, quelles qu'aient
été ses décisions, conformes ou contraires
à mes vœux et à mes votes, je reviendrai
soumis à tout, sans le moindre effort,
soumis de bouche, d'esprit et de cœur,
docile comme la plus humble brebis du
troupeau. Telle est ma foi, Messieurs,
telle est la vôtre. C'est pour elle que nous
vivons, et pour elle au besoin nous sau-
rons mourir. »

Encore une fois, grande eût été la joie
du monde catholique et plus grande
encore la joie de celle que Notre-Seigneur
avait choisie pour l'éclairer et l'avertir.
Cette joie, elle l'éprouvera le jour où elle
apprendra l'adhésion de Monseigneur
Dupanloup à l'infaillibilité, mais cette joie
sera seulement la récompense du devoir
accompli et du sacrifice accepté.

# CHAPITRE VI



Le concile était suspendu, mais la mission de la Mère Sainte-Agnès n'était point terminée. Elle va la poursuivre avec un courage invincible que rien ne pourra déconcerter. C'est ici surtout que va se manifester l'action surnaturelle de la Providence, c'est ici que nous allons voir se vérifier la parole du Père Jean, abbé de Fontfroide, bon juge en pareille matière : « Tout (dans cette correspondance) y porte le caractère du divin. »

Le 17 août, un mois après la proclama-

tion du dogme, la Messagère de Jésus
envoie la lettre suivante à Monseigneur
Dupanloup :

« Narbonne, 17 août 1870.

« Monseigneur,

« Notre-Seigneur me demande encore,
comme un nouveau témoignage de ma
fidélité, de vous manifester ses volontés ;
son amour pour moi ne me permettant
pas de le lui refuser, je cède à ses instances
et je viens vers vous, Monseigneur, avec
toute la liberté que me donne Celui qui
m'envoie.

« Je le sens, tout dans ma personna-
lité peut vous faire mépriser cette autorité, mais aurai-je besoin de rappeler encore à Votre Grandeur que Dieu se sert
de la folie pour confondre la Sagesse de
ce monde? Oh! oui, je consens volontiers
à ce que vous me donniez tout le mépris
qui m'est dû : mais de grâce, Monseigneur, sachez reconnaître en moi l'œuvre

de Celui qui se plaît à agir sur le néant, et puisque, jusqu'à ce jour, vous vous êtes fait le défenseur de la révélation, pourriez-vous la nier, alors que vous en êtes l'objet, et que la miséricorde divine semble s'étendre sur vous en proportion de votre résistance à ses desseins ?

« Je ne dois pas vous cacher, Monseigneur, que l'état de votre âme m'inspire de vives craintes ; je ne me rassure qu'en pensant aux promesses que Notre-Seigneur m'a faites de vous ramener dans la voie de la vérité dont l'esprit d'erreur vous a retiré. Cet égarement d'esprit que Dieu permet dans des vues qui ne sont connues que de sa profonde sagesse, ne servira, je l'espère, qu'à vous faire acquérir plus de gloire à ses yeux, si, fidèle à sa grâce, vous savez en suivre l'inspiration et triompher d'un monde que Notre-Seigneur a réprouvé et qu'il a aussi vaincu.

« En me chargeant de vous dire ces choses, Monseigneur, le bon Maître m'intime l'ordre de rappeler à Votre Grandeur la promesse qu'elle a faite avant son départ pour Rome, de se soumettre humblement aux décisions du Concile (1).

« Il veut que je vous transmette ces paroles qu'Il me fait entendre : « J'attends « de sa part un acte solennel de soumis- « sion et de dépendance ; il le doit à ma « gloire et à la consolation de mon Eglise. « Répète-lui pour moi ces paroles, me « dit-il encore : Prenez garde que la « lumière qui est en vous ne soit que « ténèbres... Vous êtes le sel de la terre, « si le sel perd sa force avec quoi le salera- « t-on? Il n'est plus bon qu'à être jeté « dehors. »

« Monseigneur, l'intelligence que Notre-Seigneur me donne de ces textes en les appliquant à Votre Grandeur m'effraie. Je voudrais me faire illusion à ce sujet, mais les assurances qui me sont données de la vérité de l'œuvre de Dieu dans mon

(1) Nous avons reproduit dans le chapitre précédent les déclarations de Monseigneur Dupanloup à ce sujet. La Mère Sainte-Agnès, nous en sommes persuadé, l'ignorait avant cette communication surnaturelle.

âme ne me permettent pas d'en douter, et,
quelque suspecte que ma mission paraisse
à Votre Grandeur, il me semble qu'elle
peut y voir aussi des preuves évidentes
de sincérité. Quoi qu'il en soit, Monseigneur, je ne puis m'empêcher de vous rappeler combien il est préjudiciable à une
âme de contrister en elle l'Esprit-Saint, et
il m'est donné de voir que cet Esprit divin
s'éloigne de votre esprit à mesure que
vous vous obstinez à suivre vos propres
lumières.

« La charité que Dieu m'inspire pour
votre âme me presse de vous transmettre
les paroles suivantes qui me sont adressées pour vous : « Si vous entendez au-
« jourd'hui sa voix n'endurcissez pas vos
« cœurs. » Il m'est pénible, Monseigneur,
de vous dévoiler ces choses, mais qu'il me
l'est bien plus de les porter devant Dieu ;
mon âme en est tout affligée. Cependant,
je suis heureuse de consoler le Cœur de
Notre-Seigneur en vous manifestant ses
volontés, et après vous les avoir commu-
niquées, que me reste-t-il à faire, Monsei-

gneur, si ce n'est de me jeter à vos genoux
pour implorer un nouveau pardon, puis
me cacher encore dans cette bassesse que
le Seigneur se plaît à regarder et continuer ensuite de frapper à la porte de la
miséricorde divine pour demander qu'elle
fasse son œuvre en vous selon son bon
plaisir. C'est ce que je ne cesserai de faire,
Monseigneur, tout en me disant, de Votre
Grandeur, la très humble servante.

« SŒUR SAINTE-AGNÈS. »

Plus d'un mois s'écoule, sans que
l'Evêque d'Orléans réponde à la religieuse
de Narbonne. Celle-ci n'hésite pas à lui
écrire de nouveau.

« Narbonne, 27 septembre 1870.

« Monseigneur,

« Je n'oserais me permettre de dérober le
moindre moment à vos sérieuses réflexions
dans ces graves circonstances, si les
choses dont j'ai à vous entretenir n'en-

traient en rapport avec les événements de
ces malheureux temps.

« Enfermée dans la solitude où il a plu au
Seigneur de me conduire, je ne puis
oublier que je suis Française et enfant de
la sainte Eglise. Je ne saurais donc être
insensible aux maux qui affligent notre
Mère bien-aimée et notre chère patrie ;
aussi mon âme attristée a-t-elle senti le
besoin de la prière et de l'intercession, et
le bon Maître, qui ne m'a mise à l'abri des
agitations qui troublent le monde que
pour parler plus intimement à mon cœur,
se montrant sensible à mes supplications,
a bien voulu m'entretenir des secrets
desseins qu'Il accomplit sur nous ; et ce
sont ces communications, Monseigneur,
que je ne crois pas devoir vous laisser
ignorer. Cependant, avant de les adresser
à Votre Grandeur, j'ai voulu m'assurer
qu'elle daignerait les recevoir, car son
silence au sujet de mes deux dernières
lettres semble me convaincre de mon
importunité, ce qui pourtant n'empêche
pas que je sois demeurée fermement

résolue d'obéir à Notre-Seigneur dès qu'il me demanderait cet acte de soumission à son divin bon plaisir.

« Qu'il me soit donc seulement permis aujourd'hui, Monseigneur, de faire part à Votre Grandeur d'un des derniers entretiens dont Notre-Seigneur a daigné m'honorer. C'était le 19 de ce mois. Pendant mon oraison du matin, le bon Maître me rappela d'une manière très sensible son repos dans la barque à l'heure de la tempête ; il m'occupa de ce sujet contrairement à mon attente, car j'eusse voulu, ce jour-là, méditer sur la compassion de Marie, en souvenir de l'apparition de la Sainte Vierge à la Salette ; mais attirée d'une manière irrésistible, je sentis bientôt toutes les facultés de mon âme absorbées, et ce fut dans un parfait repos d'esprit et une union très intime que Notre-Seigneur me répéta ces paroles : « Que votre cœur ne se trouble « point, qu'il ne craigne point, vous croyez « en Dieu, croyez aussi en moi. » En même temps, il m'intimait l'ordre de transmettre ces paroles. Puis il ajouta : « Vous pleu-

« rerez et vous gémirez vous autres et le
« monde se réjouira » ; et, prévenant ma
pensée : « Par le monde, me dit-il, j'entends
« les méchants qui, dans ces temps pré-
« sents, cherchent à opprimer les bons.
« Oui, vous me reverrez, votre cœur se
« réjouira et personne ne vous ravira votre
« joie. » Il me dit encore avec un accent
de vive tendresse : « Oh ! ne craignez plus,
« petit troupeau, car il a plu à mon Père de
« vous donner entrée dans son Royaume. »
Notre-Seigneur me donna ensuite l'intelligence de ces dernières paroles en me
disant : « Tu le sais, je vais bientôt con-
« tracter une nouvelle alliance avec l'É-
« glise, mon Épouse bien-aimée, com-
« mencer en elle un règne d'amour et de
« gloire et il te sera donné, ainsi qu'aux
« âmes qui te sont unies par ma divine
« charité, d'entrer dans ce royaume et de
« participer à la joie de mon cœur. » Je me
vis alors unie à l'Église et à une multitude
d'âmes sur lesquelles Notre-Seigneur
arrêtait ses regards de bonté, puis le bon
Maître me présentant votre âme, Monsei-

gneur, me dit : « Garde-la dans la charité
« qui t'unit à mon cœur, car mes desseins
« sur elle n'ont pas changé. » Depuis lors,
Monseigneur, je me sens plus fortement
pressée de vous faire connaître ce que
Notre-Seigneur m'a manifesté dans ces
derniers temps, mais je ne le ferai que tout
autant que Votre Grandeur m'aura donné
son adhésion. Si vous l'approuvez, Monseigneur, veuillez être assez bon pour m'en
donner connaissance; je vous expédierai
ces copies sans signature, à cause des
temps qui ne nous donnent pas des ga-
ranties assez certaines pour ces sortes de
secrets.

« Permettez-moi de me dire toujours,
Monseigneur, de Votre Grandeur la très
humble servante. »

« Sœur Sainte-Agnès. »

Du côté d'Orléans c'est toujours le silence, lorsqu'au mois de novembre la Mère
Sainte-Agnès se décida à écrire encore une
fois. Voici dans quelles circonstances :

« Dans la première semaine du mois de

novembre, je me sentis fortement inspirée
d'écrire à Monseigneur Dupanloup. J'avais
de la peine à m'y résoudre, parce que je
me sentais dans un tel dépouillement
d'esprit que je me croyais incapable de lier
deux idées. Mais, lorsque je fus résolue à
obéir, le bon Maître me dicta ce que j'avais
à dire :

« Narbonne, 12 novembre 1870.

« Monseigneur,

« Le lien de charité qui m'unit à votre
âme, en Notre-Seigneur, ne m'a point permis d'oublier les diverses angoisses qui ont
dû l'oppresser dans ces derniers temps. Bien
souvent, Monseigneur, lorsque je croyais
pouvoir m'occuper de ma sanctification en
présence du Seigneur, toute occupation de
moi-même m'était interdite et votre âme
seule m'était montrée devant Dieu. Je la
voyais dans une humiliation de cœur qui
attirait les regards miséricordieux de la
bonté divine et je priais encore pour vous,
Monseigneur, et pour le troupeau qui vous

est confié; toute ma mission devait se
borner là et je n'en désirais point d'autre;
mais le bon Maître me presse depuis quelques jours de vous manifester plus formellement ses volontés; il m'envoie vers vous,
Monseigneur, pour vous rappeler les différentes choses que je vous ai communi-
quées, et dont Votre Grandeur n'a tenu
aucun compte.

« J'avoue, Monseigneur, que s'il m'était
permis de suivre l'impulsion de la nature,
j'eusse depuis longtemps cessé auprès de
vous toute importunité; mais je dois l'immoler au bon plaisir de Notre-Seigneur et
agréer qu'il trouve sa gloire dans mon
abjection.

« J'espère que Votre Grandeur voudra
bien pardonner cette nouvelle indiscrétion
et accueillir les paroles de Notre-Seigneur
avec plus de soumission d'esprit que par
le passé.

« Tu le sais, m'a dit Notre-Seigneur,
« depuis longtemps j'ai choisi mon servi-
« teur pour défendre les droits de mon
« Église en France, parce que la France

« elle-même doit soutenir mon Église. Il
« avait d'abord commencé cette mission,
« et il s'est égaré en suivant ses propres
« pensées ; privé du secours de mon esprit
« divin, il a erré, mais son cœur est de-
« meuré droit ; l'heure est venue où les
« vrais adorateurs du Père doivent adorer
« en esprit et en vérité ; c'est donc cette
« adoration, cette humiliation d'esprit que
« j'attends de lui pour continuer cette
« œuvre si chère à mon cœur. Je lui ai
« donné des armes spirituelles très puis-
« santes, non pour combattre des ques-
« tions politiques, mais pour soutenir les
« droits de mon Eglise. Le temps vient,
« comme je te l'ai dit, où votre maison
« demeurera déserte. Parle donc à mon
« serviteur, en mon nom, et dis-lui que
« c'est le moment de consoler cette Mère
« désolée ; rappelle-lui ces paroles : Fils,
« voilà votre Mère! Qu'il se souvienne de
« la mission qu'il a à remplir dans ces
« jours d'alarmes et de détresse pour elle. »
    « Monseigneur, malgré tout le désir que
j'ai d'accomplir la Volonté de Dieu, sachant

le peu de succès qu'ont eu mes précédentes
lettres, je n'ai pu m'empêcher de dire à
Notre-Seigneur : « Hé quoi, bon Maître,
« auriez-vous besoin d'une pauvre créature
« pour l'accomplissement de tels desseins?
« Ne tenez-vous pas en main le cœur de
« tous les hommes, et surtout celui de
« votre serviteur ? Ne lui avez-vous pas
« donné une grande puissance sur toute
« votre personne adorable? Ne vous im-
« molez-vous pas tous les jours par ses
« mains? — Oui, a repris Jésus, je lui ai
« remis une grande puissance, mais, lui,
« enchaîne la mienne en arrêtant l'opéra-
« tion de mon divin Esprit, qui ne se plaît
« à agir que sur l'esprit des humbles, selon
« ces paroles : Je vous rends grâces, mon
« Père, Seigneur du Ciel et de la terre,
« de ce que vous avez caché ces choses
« aux sages et aux prudents, et de ce que
« vous les avez révélées aux petits. »

« Monseigneur, je me jette aux pieds de
Votre Grandeur, lui demandant avec instances de méditer ces choses en présence
de Notre-Seigneur au Saint-Autel, tandis

que je le prierai de vous en donner l'intelligence, comme il me la donne; et, si
je ne puis réussir à vous convaincre, j'aurai du moins la consolation de partager
les rebuts du cœur du bon Maître, et de
m'immoler à sa gloire selon ses désirs.

« Puisse la divine Marie, sous les aus-
pices de laquelle je vous envoie ces lignes,
obtenir de son divin Fils que Votre Grandeur les reçoive aussi selon les désirs de
son cœur.

« Après avoir parlé au nom de Notre-
Seigneur, qu'il me soit permis de m'incliner devant Votre Grandeur, m'en reconnaissant toujours, Monseigneur, la très
humble servante.

« Sœur Sainte-Agnès. »

« Les jours qui suivirent cette lettre,
nous dit la religieuse dans son journal, se
passèrent dans un état d'âme difficile à
expliquer. Ce n'était que vue de ma bassesse, vide d'esprit, dépouillement de tout
genre. Et avec tout cela, Notre-Seigneur
ne cessait de m'occuper de ce prélat, ce qui

me portait à m'offrir comme victime d'anéantissement pour obtenir une parfaite soumission d'esprit de sa part. »

Cette lettre, comme toutes les autres du reste, avait été soumise au P. Jean, abbé de Fontfroide. Voici son appréciation :

« Je vous renvoie, écrit-elle à la Mère Supérieure, la lettre de la Mère Sainte-Agnès. Elle est très bien. Je me demande seulement ce que pourrait faire dans ce moment Monseigneur d'Orléans pour l'Église de France. Le gouvernement ne lui est pas du tout hostile et d'ailleurs il est absorbé par la défense nationale. Il n'y a que des tracasseries de localité, et pour le moment il n'y peut rien ou à peu près. Mais la lettre peut être un moyen de disposer le prélat pour les difficultés et les luttes qui peuvent surgir. »

Monseigneur d'Orléans n'en jugea point ainsi. Il répondit à la date du 24 novembre 1870 :

« Orléans, 24 novembre 1870.

« Ma chère Sœur,

« Je reçois votre dernière lettre, et je dois vous dire qu'elle m'étonne encore plus que les autres.

« Je n'ai trouvé dans aucune un signe de l'esprit de Dieu. Donnez-moi ce signe, si vous le pouvez. Autrement, il est inutile que vous m'écriviez désormais.

« Ce qui m'étonne, c'est que vos Supérieurs vous permettent d'écrire de telles lettres. Je ne suppose pas que ce soit eux qui vous les fassent écrire. Je crois à vos intentions et à votre bonne foi et je demande au bon Dieu d'éclairer vos illusions et de vous bénir.

« Fx Ev. d'Orléans. »

Avant de donner la réponse de Mère Sainte-Agnès, il est bon de faire connaître ce qu'elle éprouva à la réception de cette lettre.

« Je vous envoie la copie de ma dernière

lettre à Monseigneur Dupanloup, écrivait-elle au Père Dominique, la réponse m'est déjà parvenue, et je vous assure qu'elle ne laisse rien à désirer. Je puis bien me rassasier de ce pain d'humiliation dont mon âme était si avide depuis quelque temps. Oh! que je le savoure avec délices! Qu'il me paraît bon de m'en nourrir avec Jésus!

« Ce bon prélat me dit qu'il n'a reconnu aucune marque de vérité dans tout ce que je lui ai écrit, soit dans le passé comme pour le présent, qu'il demande un signe pour croire à mes paroles, qu'il priera afin que le bon Dieu m'éclaire dans mes illusions. Voilà qui est bon, n'est-ce pas? mon Père? Cependant tout n'est pas fini pour moi, car depuis que Notre-Seigneur m'a pressée de faire cette dernière lettre, il me presse aussi de lui demander une grâce particulière qui n'est autre que la guérison de mademoiselle Th.-J. de Carcassonne dont je vous ai parlé.

« Il est certain qu'Il doit lui-même prendre sa cause en main, s'Il veut que son pauvre instrument serve à quelque chose de bon. Il me semble que le moment d'entrer en lice avec ce géant est arrivé. Priez bien pour moi, afin que je choisisse bien dans le torrent de ses grâces les cinq petites pierres qui doivent servir pour le terrasser. Je ne sais, mais j'ai plus de confiance que jamais. Mon âme est calme et confiante. J'aurais bien des choses à vous raconter, mais le temps me manque, je vous écrirai plus longuement dans quelques jours. Soutenez-moi toujours devant Dieu, afin que je lui sois fidèle et que je le glorifie dans l'abjection comme dans la gloire. »

Telles étaient les dispositions de la Mère Sainte-Agnès, lorsqu'elle reçut la permission de suivre l'inspiration qui lui était donnée. Car, pour cette lettre comme pour les précédentes, elle avait pris soin de la soumettre à M. Graulle, supérieur du couvent de Notre-Dame et vicaire général de Carcassonne.

Voici donc sa réponse à Monseigneur Dupanloup :

« Monseigneur,

« Puisque Votre Grandeur me demande un signe de la vérité de la mission qui m'est donnée, je ne crois pas en trouver de plus convaincant que celui d'un miracle que je lui demande pour le jour de l'Immaculée Conception de la Sainte Vierge, en faveur d'une jeune fille de quinze ans, infirme d'une jambe depuis sa naissance, et qui ne peut se mouvoir qu'avec beaucoup de peine à l'aide de béquilles. Son père, pharmacien de profession, a fait épuiser toutes les ressources de l'art, mais rien n'a pu ranimer ce membre atrophié.

« J'ai cru, Monseigneur, devoir vous annoncer cette demande que j'adresse à Notre-Seigneur pour fortifier votre foi en ses paroles. S'il plaît au Seigneur de me confondre, j'adorerai encore ses desseins sur mon âme, sachant bien que la voie des illusions, lorsqu'on s'y trouve de bonne foi, peut aussi bien servir à la sanctification de l'âme en détruisant l'amour-propre

comme toute autre voie. Dans ce cas,
Monseigneur, j'ose espérer que votre charité ne se repentira pas d'avoir tiré une
pauvre âme de son aveuglement ; la vérité
se fait si longtemps chercher, je serai heureuse de l'avoir enfin trouvée.

« Non, Monseigneur, ce n'a jamais été
par insinuation étrangère que j'ai écrit à
Votre Grandeur : mes supérieurs auraient
craint de s'opposer aux desseins de Dieu
en m'empêchant d'agir ; mais loin de m'y
pousser, ils ont plutôt contrarié l'inspiration qui m'y portait, autant qu'ils ont cru
devoir le faire. S'il entre dans les vues du
Seigneur que ce soit la dernière lettre que
j'adresse à Votre Grandeur, oh ! pardonnez-moi, Monseigneur, tout ce que j'ai pu
faire d'inconvenant, j'en suis toute confuse et c'est à peine si j'ose me dire, Monseigneur,

« Votre indigne servante,

« SŒUR SAINTE-AGNÈS. »

Monseigneur Dupanloup demande un
signe pour ajouter foi aux avertissements

de la Mère Sainte-Agnès. Mais quel signe plus évident que cette correspondance elle-même ! L'évêque d'Orléans aurait dû se rappeler les conseils si justes, et les explications si lumineuses qui lui avaient été fournies au moment voulu. Sans parler du courage et de la persévérance nécessaires en pareil cas, c'était plus qu'il n'en fallait pour l'aider à reconnaître dans son humble correspondante une preuve de l'esprit de Dieu. En outre M. Graulle lui avait donné comme signe de ce même esprit de Dieu la guérison subite, radicale, constatée par un rapport médical on ne peut plus motivé, obtenue par les prières et sur les instances de la Mère Sainte-Agnès.

Monseigneur Dupanloup demande un signe, le signe sera donné, mais il ne sera pas tel que le suppose l'évêque d'Orléans et que le propose la Mère Sainte-Agnès. Celle-ci se trompait, non pas sur la demande du miracle, mais sur l'effet que cette demande devait produire. Elle regardait comme une preuve ce qui n'était qu'un moyen de mériter la grâce qu'elle sollicitait, vers laquelle elle faisait tout converger, pour laquelle, nous le verrons tout à l'heure, elle se déclarait prête à tous les sacrifices : nous voulons dire, le retour de Monseigneur Dupanloup. Elle se trompait plus encore — nous n'avons aucune peine à le reconnaître — elle le reconnut elle-même plus tard — quand elle prenait sur elle de fixer pour l'accomplissement du miracle demandé la date du 8 décembre, fête de l'Immaculée Conception.

La grâce désirée devait être obtenue non point par l'accomplissement du miracle — il n'aura pas lieu — mais par les souffrances et les humiliations que cette déception lui vaudra (1).

La conclusion s'impose quand on a pris connaissance des déclarations de Notre-

(1) Pour plus de clarté nous empruntons ces lignes à M. Rivet. (*Mystique divine*, t. II, ch. XVI.) « Les « fausses interprétations sont imputables à différentes causes. « Les âmes, dit saint Jean de la Croix, se « trompent souvent en interprétant les révélations « divines selon la force des mots qui les déclarent, et « non selon les intentions de Dieu qui sont ordinaire-« ment cachées, ce qui fait qu'on ne les comprend « qu'avec peine.

Seigneur que nous indiquons plus bas, et de la conduite de celle qu'il avait choisie comme intermédiaire.

« Après m'avoir montré la consommation de son sacrifice au Calvaire, écrit la Mère Sainte-Agnès dans son journal, le bon Maître me rappelait que ce serait le signe que je pourrais donner à Monseigneur Dupanloup de la vérité de ma mission, selon la promesse qu'Il m'a faite en me rappelant ces paroles : « Il ne lui sera « point donné d'autre signe que celui du « prophète Jonas. » Lorsque Notre-Seigneur m'a rappelé ces choses, j'ai vu les profondes humiliations qui m'en reviendraient et ma nature en a frémi. Je me vois

« En second lieu, on assigne une portée absolue à une prédiction qui n'est que conditionnelle. Dieu révèle des desseins qu'il subordonne à des conditions qu'il n'énonce pas.

« Une troisième cause d'aberration tient à ce que chacun interprète selon ses goûts, son caractère, ses vues.

« La conclusion pratique qui découle de tout ceci, c'est qu'il faut se montrer très réservé, et que la solution la plus sûre et la plus simple est dans l'événement qui la réalise. »

dépourvue de toute intelligence, je sens
mon incapacité pour tout. Je ne sens en
moi qu'un peu de raison, et voilà que
Jésus veut que je la perde, cette faible raison, et que je la lui sacrifie par des actes
de folie. Oh! si j'écoutais l'amour-propre!
Mais non, je suis disposée à l'immoler
quand Jésus voudra, heureuse de le suivre
dans ces voies qui me rappellent son
amour, et quoi qu'il m'en coûte, je lui serai
fidèle. Je l'espère du secours de sa grâce. »
Et Notre-Seigneur lui disait : « L'humiliation qui t'en reviendra sera la source
des plus précieuses faveurs. » Mais n'an-
ticipons pas.

Avant tout, il est bon de le remarquer,
les expressions dont se sert le divin Maître
sont bien différentes quand il parle du miracle de la guérison, et quand il entretient
sa servante de la grâce qu'elle sollicite
pour l'Evêque d'Orléans.

S'agit-il du miracle, Notre-Seigneur dit
à la Mère Sainte-Agnès : « Tu me de-
manderas la guérison de cette enfant. »
Au contraire, est-il question de la grâce

attendue, le divin Maître prononce le mot de promesse. En voici la preuve non équivoque.

La Mère Sainte-Agnès écrit au Père Dominique : « Je ne dois pas vous laisser ignorer qu'en écrivant la lettre à Monseigneur Dupanloup je fus fortement pressée de changer ces mots ; au lieu de dire : « Cette grâce que Notre-Seigneur m'a promise » je lui dis : « Cette grâce que je demande » ; et comme tout le monde sait que les moments du Seigneur ne sont pas toujours réglés sur nos vues, j'espère bien qu'après avoir été confondue, je verrai les effets de la miséricorde du Seigneur. »

En outre, Notre-Seigneur prend soin de lui indiquer que ses promesses sont conditionnelles. Elle objecte en effet à son divin Maître : « Comment ceux qui me condui-« sent pourront-ils croire à la vérité de « mes paroles, s'ils n'en voient pas les « effets? » Il me répondit : « Tous ceux « entre les mains desquels je t'ai placée « ont l'esprit trop droit pour ne pas re-« connaître mon œuvre en toi. Ton hu-

« miliation même leur sera une preuve
« plus évidente que l'accomplissement des
« promesses que je t'avais faites, mais qui
« n'étaient que conditionnelles, les faisant
« dépendre des dispositions de celui vers
« lequel je t'envoyais. »

Or voici ce que nous apprenons des
dispositions de Monseigneur Dupanloup :
« Ma fille, lorsque tu m'as demandé la grâce
qui doit dessiller les yeux de ce prélat, il
n'était pas encore prêt, son âme n'était pas
encore disposée ; mais je la prépare par
l'humiliation et la souffrance. » — « En
sorte, mon Père, que nous sommes lui et
moi sous le coup de la même épreuve.
Dieu veuille que cette épreuve le ramène
dans la vérité. Je le lui demande. »

Et elle ajoute : « Je ne crois pas que Monseigneur Dupanloup s'obstine jusqu'au
point d'être hérétique. Je ne puis m'arrêter
à cette pensée sans être impressionnée. Cependant je crains pour l'avenir s'il ne se
déclare ouvertement en faisant sa profession de foi solennelle. J'ai toujours grande
confiance en la droiture de son cœur, mais

surtout en la bonté du cœur de Notre-Seigneur qui ne cesse de le poursuivre. »

Aussi, après la déception qu'elle a subie, et l'adhésion généreuse qu'elle a donnée à la volonté du Sauveur, elle ajoute : « Il reste encore un désir dans mon cœur, celui de voir Jésus glorifié, et la Sainte Eglise consolée par le dévouement de ce prélat pour la cause de la Sainte Eglise. Mon âme attend avec confiance l'accomplissement des promesses du bon Maître : les dernières paroles qu'Il m'a fait entendre à ce sujet me fortifient dans mon espérance : « Ma fille, m'a-t-il dit, je t'ai promis cette grâce, et je ne te l'ai pas refusée. Aie confiance, ne suis-je pas le Dieu fidèle ? »

La même promesse lui avait été faite le 8 décembre, fête de l'Immaculée-Conception, le jour même où s'ouvrait le Concile. « Notre-Seigneur, écrivait-elle au P. Dominique, me fit entendre ces paroles qui furent pour moi le sujet d'une consolation inénarrable : « Ma fille, je viens aujour-« d'hui consoler ton cœur en t'*assurant* le « retour de cette âme dans la voie de la

« vérité. » Mais ce retour sera le prix de sa souffrance, de son travail, de ses humiliations. »

Notre-Seigneur avait pris soin de l'avertir longtemps à l'avance que tel était son dessein. Au moment où se passent les faits qui nous occupent, Il lui rappelle une promesse faite depuis cinq ans et dont elle voit maintenant le parfait accomplissement. « Viendra le temps où pour ma plus grande gloire et pour des desseins pleins d'amour, tu me glorifieras en devenant l'objet de mes complaisances par l'humiliation, le mépris, l'ignominie, comme je le fus moi-même pour mon Père, à l'heure de ma mort. » Si je ne considérais que moi-même, ajouta-t-elle, le bonheur que je trouve dans cet état, les avantages qui m'en reviennent me feraient désirer d'y vivre toujours et d'y mourir, mais les intérêts de Jésus, la consolation de la Sainte Eglise, me portent à dire à Notre-Sei« gneur : Oh! oui, bon Maître, encore « plus d'humiliations, encore plus de « mépris, encore plus de souffrances,

« mais de grâce, sauvez cette âme. »

C'est la même prière qu'elle adresse à la Sainte Vierge, et en vue d'obtenir la même grâce. Lorsque Notre-Seigneur engagea son humble servante à lui demander le miracle, elle vit son divin Maître tirer de sa main divine un joyau très précieux et l'offrir à quelqu'un qui se trouvait près de Lui : « Cette perle précieuse, lui dit-il, n'est autre chose que la grâce que tu me demandes. Je viens de la déposer entre les mains de ma divine Mère, demande-la lui avec confiance et tu l'obtiendras. »

Fidèle à cette recommandation et déjà résolue à accepter toutes les humiliations, elle se prit un jour, en terminant son oraison, à dire à la Sainte Vierge : « Ma bonne « Mère, que ferez-vous de ce joyau pré- « cieux que Jésus a mis entre vos mains ? » A peine avais-je prononcé ces paroles, que j'entendis : « Ma fille, ce joyau que m'a « remis mon divin Fils sera pour toi, je « le changerai en une perle bien pré- « cieuse qui te rendra plus belle à ses « yeux et surtout plus chère à son Cœur.

« Cette perle, ma fille, c'est l'humilité
« qui couvrira en toi les dons que tu rece-
« vras de son amour. — O bonne Mère,
« lui dis-je alors, gardez bien en moi ce
« précieux trésor, rendez-moi bien humble.
« Oh! s'il ne m'était pas aussi nécessaire,
« ce trésor, je vous demanderais d'en dis-
« poser en faveur de cette âme pour la-
« quelle je ne cesserai de Vous prier. Ob-
« tenez-lui le même don et qu'un jour elle
« glorifie Jésus ! »

On le voit, tout est là pour la Mère
Sainte-Agnès, et comme nous l'avons dit
ailleurs, pour obtenir ce qu'elle demande,
elle ira s'il le faut « jusqu'au sacrifice de
sa vie. »

« Je suis toujours paisible et contente,
bien que je ne sache pas comprendre cette
conduite de Dieu sur moi, si je me rappelle
les promesses réitérées que le bon Maître
m'a faites. Tout me paraît anéanti quant
à l'œuvre que je voyais s'accomplir en
moi, mais Jésus remet le souvenir de son
dernier sacrifice devant mes yeux et me
dit : « Ma fille, mon sacrifice fut réel, il

« faut que le tien le soit aussi. Garde-toi
« pourtant de croire que mon cœur soit
« anéanti en toi pour ma gloire. Oh! non,
« c'est maintenant que je la perfectionne.
« Mes desseins sur toi n'ont point changé;
« ils n'ont changé que pour cette âme pour
« laquelle je t'avais envoyée, et c'est son
« obstination qui en est cause. Cependant
« je la poursuivrai encore de ma justice
« et de ma miséricorde, et si tu la gardes
« dans la charité qui t'unit à mon cœur,
« je ne la perdrai pas. » — Bon Maître,
« lui dis-je alors, vous le savez, je ne puis
« plus rien faire auprès de ce prélat, mais
« je suis prête à tous les sacrifices que
« votre amour voudra de moi. Si celui de
« ma vie peut avoir quelque prix à vos
« yeux, je vous l'offre de tout mon cœur. »

Le divin Maître ne tarde pas à lui apprendre que c'est précisément par ce moyen qu'elle sauvera cette âme qu'elle a accepté de garder et qu'elle veut tenir fortement attachée dans la charité qui l'unit à son divin Cœur.

« Il m'arrive, écrivait-elle au P. Dominique, de demander au divin Maître comment son cœur si bon, si généreux, peut refuser de m'exaucer, et Il me répond avec une bonté qui me charme, qui me ravit hors de moi-même. Un de ces jours Il me disait à ce propos : « Ne semble-t-il pas « qu'il y ait quelque contradiction dans « l'œuvre que j'accomplis en toi, puisque « après t'avoir fait agir, je te laisse attendre « les effets de mes promesses, en sorte « que ceux qui devraient croire en mon « œuvre en toi, en soient presque scan- « dalisés; mais, ma fille, ma vie tout en- « tière n'a-t-elle pas été en butte à la con- « tradiction des hommes? Et les œuvres « les plus merveilleuses qui manifestaient « ma toute-puissance et ma divinité n'ont- « elles pas été un sujet de scandale pour « les esprits orgueilleux et pleins de leur « propre sagesse. Je t'ai promis cette grâce « et je ne te l'ai pas refusée; seulement « j'en fais dépendre l'accomplissement de « la disposition d'esprit de ce prélat, c'est « son obstination qui y met obstacle. Du « reste, ma fille, je tirerai une aussi grande

« gloire de ton humiliation que de cet acte
« de ma toute-puissance que tu m'avais
« demandé. Cette humiliation te procu-
« rera un nouveau trait de ressemblance
« avec moi. Tu dois te rappeler ce qui a
« été dit de moi : *Il sera en butte à la*
« *contradiction des hommes.* Et, en effet,
« ma fille, quoique les actes de ma toute-
« puissance prouvent d'une manière évi-
« dente ma divinité, les Juifs orgueilleux
« en furent scandalisés et ne « voulurent
« pas me reconnaître; ma lumière ne brille
« que dans les esprits simples et droits.
« Il en sera ainsi de l'œuvre que j'ac-
« complis en toi et elle sera reconnue
« de ceux qui marchent à la lueur de
« ma lumière, et, pour toi, rien ne sau-
« rait t'être avantageux comme l'humilia-
« tion. »

Il n'en fallait pas davantage pour obtenir
de cette âme généreuse l'acceptation la plus
franche et la plus absolue : « O divin
Epoux de mon âme, m'appellerez-vous à
cet honneur ? »

« Puissé-je vous glorifier par mon abjection, mon anéantissement, ma destruction complète! »

L'humble religieuse sera largement exaucée. Son divin Maitre ne lui ménagera ni déceptions, ni humiliations, ni souffrances, mais aussi, pour peu qu'on se laisse guider par les pensées de la foi, on reconnaîtra dans ces épreuves profondément senties et surtout généreusement supportées, et le signe le plus vrai de sa mission et le moyen le plus efficace, parce qu'il est le plus surnaturel, d'obtenir la grâce sollicitée.

Voici en effet que Notre-Seigneur va retarder toujours la faveur qu'elle lui a demandée d'après son inspiration. Ce retard parfois n'irait à rien moins qu'à diminuer sa confiance, si elle pouvait douter de l'amour de Jésus pour son âme; de là un combat qui l'abime dans la douleur. Elle ressent une peine de cœur si grande qu'elle se voit dans une sorte d'agonie. « Ma défaillance intellectuelle était extrême, nous dit-elle, il me semblait qu'un glaive douloureux me transperçait le cœur et que je ne pouvais plus vivre sous le poids d'une telle douleur. Quoique ma souffrance fût tout intérieure, elle fut trop forte pour ne point réagir sur mes sens et je puis assurer que jamais je n'avais éprouvé une si vive angoisse. Il m'en est resté pendant plusieurs jours de fortes palpitations de cœur qui m'arrêtaient la respiration. »

A son tour le Maître ne devait pas manquer à la promesse qu'Il lui avait faite pour l'encourager et la soutenir. « Ma fille, lui disait-il, l'amour n'arrive à sa perfection que par la fécondité, mais par des effets différents, car l'amour charnel engendre dans le plaisir et enfante dans la douleur; l'amour divin, au contraire, engendre dans la douleur et enfante dans la joie et les délices. C'est ainsi que tu m'as vu sur la Croix engendrer la nature humaine à la vie de la grâce dans les plus vives douleurs; mais j'ai enfanté mon Eglise dans une vie glorieuse et immortelle. Toi aussi, ma fille, tu souffres maintenant pour engendrer cette âme à la vie de mon amour, mais ton âme se réjouira au jour de mon triomphe, qui sera pour toi le jour du triomphe de l'amour. »

Ce jour devait être celui où elle apprendra, par le P. Dominique, l'acte d'adhésion de Monseigneur Dupanloup à la définition de l'Infaillibilité par le Concile du Vatican. Elle s'empressa de le remercier en ces termes :

« 8 mars.

« Mon bien bon Père,

« Quelle heureuse nouvelle votre lettre est venue m'apporter. Mon Père, c'est trop de bonheur! Je n'aurais jamais cru que l'amour de Jésus pour moi allât jusque-là. Je suis si heureuse, si heureuse de pouvoir le glorifier par mon abjection que je ne sais comment exprimer mon bonheur. Ah! qu'Il est bon, Jésus! Il me semble maintenant que je puis chanter mon *Nunc dimittis*. Vous me demandez si j'ai eu quelque connaissance de ce change-

12.

ment ; il n'a pas plu à Notre-Seigneur de m'en rien manifester. Seulement depuis que je vous ai écrit ma dernière lettre, 14 février 1871, il m'est arrivé de voir plusieurs fois cette âme dans des oscillations très pénibles. Alors, je me sentais pressée de prier pour elle avec plus d'instances : « Quoi, Seigneur, m'écriais-je alors, abandonneriez-vous cette âme? Oh! non, je ne puis le croire, pour moi, je la tiendrai fortement attachée dans la charité qui m'unit à votre divin Cœur. Le bon Maître me répondit : « Je t'ai promis cette « grâce, aie confiance, ne suis-je pas le « Dieu fidèle? » C'était vers le 18 février que je voyais les agitations d'esprit de ce prélat. »

Non, la Mère Sainte-Agnès ne pouvait pas encore chanter son *Nunc Dimittis*. Monseigneur Dupanloup avait adhéré au dogme de l'Infaillibilité. Voici le texte de sa lettre au Souverain Pontife : « Je n'ai écrit et parlé que contre l'opportunité de la définition ; quant à la doctrine, je l'ai toujours professée, non seulement dans mon cœur, mais dans des écrits publics, et j'y adhère de nouveau sans difficulté, trop heureux si je puis par cette adhésion offrir à Votre Sainteté quelques consolations au milieu de ses amères tristesses. »

La copie de cette lettre, nous dit son historien, ne porte pas de date, mais comme la lettre a été écrite de Bordeaux, elle se trouve suffisamment datée. Ce détail nous permet de contrôler l'exactitude des indications fournies par l'humble religieuse de Notre-Dame de Narbonne. Dans le courant de février 1871 elle avait vu « cette âme (Monseigneur Dupanloup) dans ce qu'elle appelle si bien des oscillations très pénibles ». Ces oscillations se terminent par la lettre citée plus haut et écrite de Bordeaux, où Monseigneur Dupanloup avait été envoyé comme membre de l'Assemblée nationale dans ce même mois de février.

Mais cette lettre, adressée directement au Pape, ne constituait qu'un acte particulier ; Monseigneur Dupanloup se devait à lui-même et devait à son diocèse et au monde catholique une adhésion publique. C'était bien son intention, l'exécution en fut retardée par les difficultés de la guerre et de l'occupation prussienne. Enfin le 29 juin 1872, paraissait la belle lettre pastorale portant publication des constitutions dogmatiques du Concile.

Or, cette bonne nouvelle, la meilleure que pût recevoir la Mère Sainte-Agnès, est précédée d'une dernière lutte dans laquelle se réveillent toutes ses craintes, toutes ses inquiétudes. On le voit, jusqu'au terme, c'était la grande théorie du Maître se réalisant en elle et par elle, ce n'est que par la souffrance que s'opère la réconciliation, « l'amour divin engendre dans la douleur, pour enfanter dans la joie et dans les délices. »

Nous empruntons les détails de ce fait à une lettre adressée au P. Dominique.

« Que vous m'auriez grondée si vous aviez été au courant de ma conduite. Lorsque je vous eus écrit ma dernière lettre, la souffrance de mon pauvre cœur me fit tomber dans un excès d'abattement. Je ne doutais plus de l'amour, mais comme vous me l'expliquiez si bien, ce n'était plus la crainte et l'appréhension de n'être plus aimée qui me faisait souffrir, mais un resserrement de cœur envers Jésus, qui me portait à me retirer de Lui tandis qu'Il m'attirait. Il m'ouvrait son divin Cœur, et je m'abîmais à ses pieds, j'étais malheureuse, je souffrais et rien ne pouvait adoucir ma souffrance. Si vous me demandiez, mon Père, pourquoi j'en agissais ainsi, je ne saurais vous répondre qu'une chose : la crainte d'être trompée, par conséquent, un manque de confiance dans la parole du Maître. Je cédais à ce sentiment, malgré toute la peine qu'il me causait. Notre-Seigneur, de son côté, ne cessait de me poursuivre, de me faire entendre que je blessais son Cœur. Je ressentais moi-même les douloureux effets de cette blessure, sans pouvoir triompher de mon accablement. Tel était mon état, lorsque j'appris que Monseigneur Dupanloup venait de rendre public son acte d'adhésion au dogme de l'Infaillibilité.

Comment vous dire, mon Père, tout ce qui se passa alors dans mon âme? Cette nouvelle me causa une grande consolation et, comme je rendais grâce au Seigneur, le bon Maître me fit entendre ces paroles : « Douteras-tu encore, enfant de peu de foi, « de la vérité de ma promesse? Quel était « ton désir en me demandant un miracle? « N'était-ce pas de ramener ce prélat à la « défense de la vérité qu'il avait combat- « tue avec tant d'opiniâtreté? Pour cela, « tu me demandais une grâce comme un « moyen de le convaincre, et moi, je me « sers de ce moyen pour humilier ton es- « prit et ton cœur, et je te donne la fin. « Croiras-tu enfin à mon amour? » Puis le bon Maître me rappela ce qu'Il m'avait fait entendre en m'envoyant à ce prélat tandis qu'il était à Rome et qu'il combat- tait contre la sainte cause.

« Vous savez, mon Père, que pour me dispenser de remplir cette pénible mission, j'alléguais mon ignorance, et Notre-Sei- gneur me dit alors : « Ma fille, prends « dans la plaie de mon Cœur cinq petites

« pierres et va combattre en mon nom. »
Le bon Maître après m'avoir rappelé cela
me dit : « Sais-tu ce que signifiaient ces
« cinq pierres? Cinq vertus qui doivent
« me glorifier en toi et t'aider à vaincre ce
« géant de même. La première est l'obéis-
« sance par laquelle je t'ai rendue fidèle à
« ma voix, soumise à tes supérieurs. La
« seconde, c'est l'amour qui t'a fait triom-
« pher de toutes tes répugnances. La troi-
« sième est la simplicité qui a anéanti en
« toi la lumière de ton propre esprit et t'a
« fait parler selon la vérité de mes paroles.
« La quatrième est une confiance entière
« en la bonté de mon Cœur qui te sera
« toujours propice et qui même, dans les
« déceptions que tu devras subir, tournera
« toutes choses à ton avantage et au plus
« grand bien de ton âme. Mais la cin-
« quième, ma fille, est celle qui doit le
« plus me glorifier ; l'humiliation d'esprit
« et de cœur à laquelle tu t'es soumise,
« est le moyen que j'ai choisi pour glori-
« fier mon Père, et c'est aussi celui par
« lequel tu dois me glorifier. »

« Je lui répondis : « Ah! Seigneur! que
« m'importe maintenant si ce défenseur
« est rendu à l'Eglise; pour moi, je suis
« heureuse de demeurer ensevelie dans ma
« confusion. »

# CHAPITRE VII

### DERNIÈRES ANNÉES DE LA MÈRE SAINTE-AGNÈS

Le jour vint, pour la Mère Sainte-Agnès, où le silence succéda à de si belles communications, — ce livre merveilleux se referma à tout jamais. Nous voyons alors la religieuse de Notre-Dame justifier pleinement le témoignage rendu par Monsieur Graulle à Monseigneur Dupanloup : « Ame remarquable par sa régularité, son esprit d'obéissance, sa profonde humilité : en qui l'on n'a jamais saisi la moindre trace d'exaltation. »

Ce dernier trait mérite d'être signalé ;

du moment, en effet, où Notre-Seigneur n'a plus fait entendre sa voix, la Mère Sainte-Agnès a cessé d'écrire, on n'a plus eu d'elle que quelques lettres très brèves, le style est bien différent de celui qu'on a pu admirer auparavant.

Seules ses dispositions ne changent pas. Elle conserve toujours la même fidélité à son Maître, et le même amour de l'humiliation et de l'obscurité.

« Quant au passé, écrivait-elle à son directeur, je ne sais presque plus me souvenir des faveurs spéciales du bon Maître, mais je demeure assurée de son amour pour moi et cela me suffit. — Je viens de lire un ouvrage : *Prêtre et Hostie*, qui m'a bien consolée — parce que j'y ai retrouvé dans son épanouissement la doctrine qui m'a été communiquée autrefois, et je m'en suis réjouie en Notre-Seigneur, tout en me concentrant dans mon abjection, seule chose qui me reste... Il me vient à l'esprit que je ne suis qu'un vil instrument dont le Bon Maître s'est servi et qu'Il met maintenant au rebut, parce qu'il lui a

gâté l'œuvre. Hélas ! je le prévoyais bien,
et je ne cessais de le Lui dire. Il n'a pas
voulu m'écouter, j'en suis fâchée pour
Lui et enchantée pour l'humiliation qui
m'en reste. Que voulez vous ? Je ne suis
bonne qu'à tout gâter. Il faut que j'en
prenne mon parti. A Dieu la gloire ! et à
moi la confusion. »

Et ailleurs, en réponse à une lettre de
son directeur : « Merci de cette doctrine
de mort et d'anéantissement dont vous
m'entretenez. Je sens qu'elle répond directement aux besoins de mon âme, qui
me paraît toute environnée des ombres de
la mort, sans en éprouver pourtant ni les
angoisses ni la terreur. Tout au contraire,
je serais portée à répéter avec saint Paul :
« Jésus-Christ est ma vie... et la mort
m'est un gain », appliquant à ces paroles
un sens que je n'avais pas compris jusqu'à
ce jour, et qui se rattache à cette mort de
tous les instants et va jusque dans les
affections les plus légitimes de l'âme.
Oh ! que de destructions ! Il me semble
que tout tombe en ruines, non seulement

ce qui tient de ma misérable nature, mais encore ce que le Bon Maître avait fait Lui-même en moi... en sorte que tout est dans un vrai chaos; je me trouve, au milieu de ces décombres, dans une insensibilité étonnante, ne sachant ni rien regretter, ni rien vouloir, ni rien désirer... Je trouve mon bonheur à me livrer, à m'abandonner à Dieu pour n'être rien, comme pour être quelque chose, pour n'avoir rien ou pour avoir quelque chose... Je ne sais comment cela se fait : mais j'en viens à ne plus goûter aucune joie de ce monde visible. Jésus au Tabernacle, Jésus Hostie et victime, Jésus dans mon pauvre cœur : voilà l'unique centre de ma vie, la lumière de mon esprit, l'amour de mon cœur : Non pas pourtant comme autrefois, au milieu des lumières surnaturelles qui m'environnaient, des saintes ardeurs qui m'enflammaient et m'animaient dans mes œuvres... Non, c'est une lumière environnée de ténèbres, mais qui me rend les vérités comme palpables, et m'inspire un souverain mépris pour tout ce qui n'est

pas de l'esprit de Jésus. Je vous ai dit
que je ne goûtais plus de joies, il n'en
est pas de même des amertumes de la vie.
Le bon Maître me les laisse savourer à
longs traits, surtout celles qui vont droit
au cœur. Mais je ne puis que l'en bénir,
puisque cela m'unit plus intimement à
son cœur souffrant. »

Ce genre d'union s'accentua encore davantage, lorsque la Mère Sainte-Agnès
dut accepter le fardeau du supériorat, que
ses souffrances physiques, jointes à son
âge avancé, — elle avait soixante ans, —
devaient rendre encore plus lourd.

Pendant trente ans, de 1862 à 1892,
elle avait eu la direction du Noviciat. Et
bien que Notre-Seigneur ne lui ait point
ménagé, même alors, les épreuves, cette
charge convenait mieux à ses aptitudes.
Elle se trouvait dans son élément.

« Evoquer ce souvenir, nous dit l'auteur
de la Notice nécrologique (1), c'est rappeler une direction suave et forte tout à

(1) Nous empruntons à cette notice les quelques
détails qui suivent.

la fois, une confiance et un abandon illimités, des impressions de vertu ineffaçables. Les esprits pusillanimes étaient pressés sans jamais être molestés ; les caractères difficiles trouvaient bonté et douceur, en toute circonstance : les cœurs tièdes se réchauffaient un peu au contact de ce cœur embrasé. En considérant l'ensemble de la vie de notre Mère-Maîtresse, nous avions devant nos yeux un exemplaire vivant de nos saintes Règles...

« Sa haute stature, la gravité de sa démarche, l'air majestueux qui lui était propre : tout cela frappait au premier abord, et imposait le respect. Les clairvoyants savaient ensuite percer l'enveloppe, et voir le beau rayonnement de cette âme, dans l'expression de ces yeux ordinairement baissés, ou occupés à fixer un objet invisible. On ne pouvait soutenir ce regard sans en rapporter un attrait plus grand pour la vertu, un amour plus généreux pour Notre-Seigneur.

« On faisait, sans trop rougir, l'exposé de ses misères : il y avait si peu d'étonnement manifesté, et l'on recevait, en retour, de si douces, de si maternelles répréhensions. C'était bien l'indulgence, la mansuétude de Jésus. Et puis rien qui ne fût à notre portée, rien qui sentît la moindre exagération dans le langage, dans les pratiques recommandées. Nos saintes Règles, la vie commune, la vie et la Passion de notre divin Sauveur, les fêtes de la sainte Église : voilà le thème habituel des entretiens du Noviciat.

« Est-il besoin d'ajouter qu'avec une telle maîtresse, l'enthousiasme gagnait vite... qu'il allait toujours croissant ! On le devine sans peine. Au début, l'attachement aurait été, peut-être, trop naturel; mais les yeux ne tardaient pas à se dessiller.

« A ce cœur, tout dégagé de l'humain et qui ne respirait que du côté du ciel, à ce cœur que presse continuellement « la charité de Jésus-Christ », seul un amour surnaturel pourrait convenir. Nous étions heureuses de pouvoir le lui donner pleinement, sachant bien que celui-là porte, avec lui, le double caractère de la solidité et de la durée. »

Les religieuses de Notre-Dame de Narbonne eurent une occasion de manifester publiquement la sincérité de cette confiance et de cet amour. La Mère Darles, supérieure de la communauté, était morte le 18 février 1892 ; le surlendemain avaient lieu les élections pour la remplacer. La Mère Sainte-Agnès fut désignée à l'unanimité des suffrages. Mais le P. Dominique avait été bon prophète quand il lui avait dit : « Vous êtes très bien dans votre petit coin du noviciat, vous êtes là bien cachée et cela va bien : si l'on vous faisait monter plus haut, vous ne seriez plus à votre place. »

Supérieure, la Mère Sainte-Agnès n'a plus été dans cette atmosphère calme et paisible qui lui convenait si bien. On sentait l'effort et le malaise quand il fallait s'occuper d'intérêts temporels, ou d'affaires d'administration.

Elle était faite pour former surtout des âmes, et, au dire des religieuses qui l'ont connue davantage, « ses dix années de supériorat ont été son calvaire. Le bon vouloir divin l'y constitua à l'état permanent de victime. »

Victime dans son corps. Quel est, sur ce point, le genre de douleur qui lui soit resté inconnu ? Nous n'en voyons pas ; ainsi ne peut-il être question pour elle d'austérités et de pénitences extraordinaires. Son impuissance la fait gémir, elle lui devient même parfois insoutenable. Plusieurs mois avant sa mort, sa taille avait presque diminué de moitié, elle respirait difficilement et ne parlait qu'avec peine.

Victime dans son esprit. La voix de l'Époux divin ne se fait plus entendre. Il n'y a plus qu'obscurités, que ténèbres, c'est le dénument complet ; de plus les préoccupations inhérentes à sa charge lui sont un véritable tourment. A tout cela vient se joindre l'impuissance morale pour faire le bien comme elle le voudrait.

Victime dans son cœur, qui sent très fortement les peines de l'exil, qui soupire après cette dissolution, dont la conséquence sera l'éternelle réunion avec le Bien-Aimé.

La Mère Sainte-Agnès gardait, malgré tout, une sérénité inaltérable : le *Sursum corda* était son état habituel, et tout, en elle, rappelait le sentiment de la présence de Dieu. On la trouvait toujours également accessible, toujours indulgente et bonne. Allait-on lui demander une permission : instinctivement elle fermait les yeux et ne donnait sa réponse qu'après avoir consulté le divin Conseiller.

Une large part de sa sollicitude était réservée aux enfants, qui lui inspiraient un si vif intérêt. Elle avait une façon de les considérer attentivement, qui montrait bien que l'enveloppe était, à ses yeux, fort peu de chose et qu'elle y voyait seulement l'habitation d'une âme. Son état de santé ne lui permettant pas de les visiter comme elle l'aurait voulu, elle se dédommageait de cette privation en assistant très régulièrement aux assemblées des Maîtresses.

Celles-ci se faisaient un bonheur de

tout communiquer à leur Mère. Il en résultait des instructions de la plus haute sagesse. Quels excellents conseils il leur a été donné de recevoir sur la pureté d'intention, sur le dégagement du cœur, sur l'abnégation, et aussi quels encouragements !

On sortait de ces entretiens, armé d'un courage tout nouveau, courage qui touchait presque à l'allégresse. On venait de se ranimer au contact d'un cœur vraiment apostolique, qui faisait envisager la souffrance comme le plus sûr moyen d'action, et ne manquait jamais d'appuyer ses discours de l'exemple de Notre-Seigneur.

Elle avait tant soupiré après le grand jour de la Béatification de notre Mère Fondatrice, qu'elle a dû chanter alors son *Nunc dimittis*. Elle avait eu sa part toute spéciale dans le miracle obtenu, en 1865, par l'intercession de notre Mère Fondatrice. Nous l'avons vue rayonnante de bonheur au jour du 23 septembre (1) et dans les pompes solennelles du *Triduum*.

(1) Nous croyons pouvoir affirmer que cette date du 23 septembre lui avait été révélée. « Le soir de la

Les anciennes élèves, venues en très grand
nombre, ont pu lui multiplier les marques
de leur piété filiale. La fidélité de sa mémoire était vraiment surprenante. On était

guérison de Mère Saint-Xavier, lisons-nous dans le
récit du miracle, la Mère Sainte-Agnès proposa à ses
novices d'aller passer la récréation dans la chambre
de la miraculée.

« Ayant demandé le quantième du mois, elle dit :
« 23 février ! quelle triple coïncidence ! » Comme on
insistait pour avoir l'explication de cette parole, elle
se troubla d'abord et fut tout embarrassée. Enfin, elle
répondit : « C'est le 23 décembre qu'on a écrit pour
« demander un miracle, c'est le 23 février qu'il a
« été accordé. » Et la troisième chose ? ajouta-t-on.
« Ah ! vous m'en demandez trop ! » dit-elle en souriant. »

La question resta sans réponse, et tout se borna à
des conjectures. Le jour même où se célébraient, à
Rome, les fêtes de la Béatification, 23 septembre
1900, je traversai Narbonne. Dans le courant de la
conversation que j'eus avec la Mère Sainte-Agnès,
elle me dit avec une insistance toute particulière :
« Le 23 septembre ! c'est bien le jour voulu et indiqué
par Notre-Seigneur ! »

Lorsque, plus tard, j'eus connaissance du dialogue
échangé au jour du miracle, ma conviction fut que la
troisième date de la « triple coïncidence » était le
23 septembre, jour de la Béatification.

*(Note de l'auteur.)*

touché et ravi de cet accueil tout cordial, de cette reconnaissance si prompte, de cet intérêt manifesté. Le religieux enthousiasme d'autrefois semblait renaître en sa présence... Tout le monde était heureux.

Mais, hélas! ces grandes fêtes ont un lendemain qui ouvre une longue série de jours d'épreuves. La Mère Sainte-Agnès suivra désormais les étapes d'une voie bien douloureuse et dont la terme s'annonce prochain. La croix du bon Maître s'appesantit davantage sur ses épaules.

Fille dévouée de l'Eglise, elle porte dans son cœur toutes les souffrances de cette Epouse tant aimée du Sauveur. Les malheurs de la France l'affectent aussi beaucoup. Elle suit, avec le plus vif intérêt, toutes les péripéties de la lutte actuelle, se préoccupant, pour sa famille religieuse, des tristes éventualités qui peuvent en résulter. Toutefois, l'abandon au divin bon plaisir prime tout.

Obligée de se livrer totalement à son infirmière, elle le fait avec une simplicité touchante et digne d'admiration. Jamais un mot de plainte... et toujours le visage souriant. Elle est bien l'Agneau de Jésus, comme le lui avait fait entendre un jour ce doux ami de son âme : « Je t'ai donné, lui avait-Il dit, un nom qui se rapporte à celui d'Agneau, parce que j'ai voulu que ta vie soit une vie d'immolation complète de tout toi-même à mon divin plaisir ; laisse-moi agir en toi comme il me plaira. »

Or, le 25 mars 1901 voyait l'expiration du troisième triennat de la Mère Sainte-Agnès. L'espoir de résigner sa charge, selon le désir formellement exprimé, la faisait songer à cette date avec une réelle satisfaction. La constatation de son impuissance appuyait beaucoup cet espoir. Mais les religieuses de Narbonne estimaient, avec juste raison, que sa présence seule leur suffirait.

A son insu, les Conseillères concertent un petit plan qui est soumis à l'assemblée générale des Mères. Il est décidé qu'on va solliciter de Monseigneur la dispense de la déposition, en lui exposant les motifs sérieux qui portent à demander cette exception. On procède ensuite à l'élection, qui confirme complètement l'à-propos de la démarche : l'unanimité des suffrages en est la preuve convaincante.

La réponse de l'Évêché est, en tout, conforme aux vœux de la communauté. Elle est transmise à la Mère Sainte-Agnès par M. l'aumônier, qui obtient un généreux *fiat*.

Depuis lors, son état ne cesse de s'aggraver. La déviation de la colonne vertébrale, qui va s'accentuant, produit une courbure qui fait mal à voir.

Le 25 décembre marqua une recrudescence dans le mal, et les joies de Noël firent place à de sérieuses appréhensions.

Le surlendemain, fête de saint Jean, on lui portait la sainte Communion qui devait être, pour elle, le Viatique.

Que s'est-il passé dans cette dernière rencontre, sur la terre, de Jésus avec son Épouse? Mystère!...

Cependant, le 29, la malade vint passer une partie de la récréation au milieu de ses religieuses. L'oppression était grande.

A quatre heures, elle récitait son office. Comme on lui avait objecté, auparavant, sa grande fatigue, elle avait répondu, avec un accent tout pénétré : « Il est si doux de chanter les louanges du bon Dieu ! » Ce sont les dernières paroles transmises : au couvent de Notre-Dame de Narbonne, on en garde religieusement le souvenir.

La sœur infirmière, qui était habituée à ce spectacle de la souffrance, n'avait pas conçu trop d'inquiétude de l'agitation de la nuit. Voyant la chère malade un peu plus calme, et espérant même la faire assister à la messe de neuf heures, car c'était un dimanche, elle s'était rendue au chœur pour entendre la messe de Communauté. Au retour, elle s'approche doucement du lit, et n'entend pas ce souffle pénible, qui accompagnait le sommeil de la malade. Elle va continuer son action de grâces, devant le prie-dieu, en attendant le « réveil ».

Une religieuse entre quelques minutes plus tard et se dispose, selon son habitude, à saluer la bonne Mère, quand elle

est arrêtée par la sœur, qui lui dit :
« Laissez-la reposer, elle dort, si calme... »

Un pressentiment s'empare de la visiteuse. Comment croire à un sommeil si prolongé ! Tremblante, elle s'approche et bientôt un cri s'échappe de ses lèvres... La Mère Sainte-Agnès paraissait, en effet, endormie, mais elle ne respirait plus. Jésus s'était montré à elle et Il avait rompu le lien qui la retenait captive.

A ceux qui lui auraient demandé ce qu'étaient ses désirs, relativement à ce passage décisif, elle eût répondu, avec sainte Gertrude : « Je souhaite, du plus profond de mon cœur, d'être soutenue de l'appui des Sacrements ; mais je préfère hardiment, à tous les Sacrements, la Providence et la volonté de mon Seigneur et de mon Dieu ; car je crois que c'est la préparation la plus digne pour se disposer à la mort. Et il m'est indifférent qu'elle soit lente ou subite, pourvu qu'elle soit agréable aux yeux de Celui devant lequel je désire qu'on me conduise. »

N'avait-elle pas dit à une de ses intimes

qui lui exprimait ses craintes d'un séjour trop long au Purgatoire : « Pour moi, je ne m'en mets pas en peine ; Jésus ne m'y laissera pas longtemps, car Il languirait plus que moi. » La confiance peut-elle être poussée plus loin ?

Nous n'essaierons point de dépeindre la stupeur générale à l'annonce de cette mort. Les déchirements éprouvés, dans cette circonstance si pénible, ne pourront jamais s'oublier. Que de regrets emportait la Mère Sainte-Agnès ? On ne se lassait point de contempler ce visage déjà tout radieux et empreint d'une beauté céleste.

Et, chose vraiment étonnante, le public qui n'était pas préparé à l'exposition du cercueil dans la chapelle, — la mesure n'ayant été prise que pour répondre, à la dernière heure, aux désirs des parents et des amis, — le public accourut. On posait sur le cercueil toutes sortes d'objets ; on priait dans le plus profond recueillement, comme devant la châsse d'un saint. Ce spectacle avait quelque chose d'impressionnant.

Les funérailles revêtirent un éclat inaccoutumé et se transformèrent en un véritable triomphe.

Les anciennes élèves n'étaient jamais venues aussi nombreuses et toutes exaltaient les vertus de Mère Sainte-Agnès. Au cimetière, nouvelle manifestation, plus imposante encore que celle de la veille. Contrairement aux usages, le cercueil fut ouvert. On cédait à une attraction irrésistible. On venait contempler, une dernière fois, cette physionomie qui semblait refléter le bonheur du Paradis.

Un parchemin écrit, roulé dans un tube qui porte le sceau de Notre-Dame, conserve le nom et atteste le mérite de celle qui repose dans ce cercueil : « Ici est le corps de Révérende Mère Lucie Regraffe, en religion Mère Sainte-Agnès, née le 2 janvier 1832, et décédée le 29 décembre 1901, après cinquante ans de vie religieuse et dix années de supériorat. C'était une âme d'élite, qui avait reçu de Dieu des faveurs extraordinaires. Pour prouver la vérité de ses révélations, Notre-Seigneur a guéri une religieuse. Ce miracle a servi à la cause de la Béatification de la bienheureuse Jeanne de Lestonnac. La Mère Sainte-Agnès a pratiqué une grande régularité dans une vie humble et cachée, et une conformité parfaite à la volonté de Dieu. »

FIN

# TABLE DES MATIÈRES

1808